Stéphane Roussel

# JENSEITS DER NACHT

Eine Reportage

Rowohlt

Schutzumschlag- und Einbandgestaltung
Büro Hamburg, Peter Wippermann

1. Auflage März 1990
Copyright © 1990 by Rowohlt Verlag GmbH,
Reinbek bei Hamburg
Alle deutschen Rechte vorbehalten
Satz aus der Palatino (Linotronic 500)
Gesamtherstellung Clausen & Bosse, Leck
Printed in Germany
ISBN 3 498 05721 9

# JENSEITS DER NACHT

Ein Bett. Schmal, hochbeinig, metallen.
Ein Schalter am Kopfende regelt die Lage. Rücken hoch – Rücken höher – Beine angehoben.

Zwei Pflegerinnen hatten ihr geholfen, das Bett zu besteigen. Sie dachte: Da stimmt doch etwas nicht, auf ein Bett steigt man nicht. Auf ein Bett läßt man sich fallen. Allein, müde, schlafbedürftig. Oder auch zu zweit und in Erwartung. Ein Bett ist wichtig. Eine Landschaft für sich. Hier finden die Träume statt, hier wurden Königreiche bezwungen, Märchenprinzen erobert, ungeahnte Höhen erreicht, Hindernisse entdeckt und überwunden. Auch sollte ein Bett nicht zu schmal sein, sondern geräumig, Platz haben, nicht nur für Personen, auch für Zeitungen, Notizbücher, das Frühstückstablett und für das Telefon.

Das erstaunlichste schien ihr ein kleines, schweres Kissen, das man ihr unter den Kopf geschoben hatte. Es war mit Sand gefüllt.

Sie wies sich zurecht. Du kannst nicht erwarten, daß sie dir in einem Krankenhaus fliederfarbene Bettlaken anbieten, weiche Kissen und obendrein vielleicht noch ein Pölsterchen, womöglich in Herzform.

Um das Handgelenk hatte man ihr einen schmalen Leinenstreifen gebunden, auf dem ihr Name stand. Wie das dünne Armbändchen für Neugeborene. «Auf keinen Fall abnehmen», hatte die Oberschwester gesagt. Sie hatte nicht die Absicht, den Streifen abzunehmen. Im Gegenteil. Er schien ihr notwendig, ja unentbehrlich, denn sie fand es nicht leicht, sich mit der Kranken zu identifizieren, die hier im Pariser American Hospital im Bett lag.

Sie war müde. Sie hatte, seit sie hier angekommen war, das Gefühl, immerzu Fragen beantwortet zu haben. Sie hätte gern gesagt: Gebt mir Zeit, mich an die Kranke zu gewöhnen, die ich nun bin. Ich habe immer eine Weile gebraucht, um mich mit Unbekannten vertraut zu machen. Noch ist die Frau in diesem Bett eine Fremde für mich.

Draußen fiel die Dämmerung. Ein schöner Märzabend ging zu Ende. «Und ich bin nicht dabei», dachte sie. Sie hätte gern ein Fenster öffnen lassen, aber das war nicht möglich. Sie mußte Verständnis haben. Schließlich war sie in einem modernen Hospital, in dem die Fenster geschlossen blieben, weil die Klimaanlage es so verlangt. Sie dachte und lächelte dabei: «Hier funktioniert alles perfekt, außer mir natürlich, denn sonst wäre ich nicht hier.»

Hinter der Zimmertür ging das Leben weiter. Der gedämpfte Lärm von Schuhabsätzen auf dem Korridor. Besucher. Andere Schritte, beinahe geräuschlos. Krankenschwestern haben einen anderen Gang als Leute, die von draußen kommen.

Das schmale Leinenband, das ihren Namen trug, war an ihrem linken Handgelenk befestigt. Sie hatte den Kopf nach links gedreht, um es nicht aus den Augen zu verlieren. Vielleicht half es ihr, zu rekonstruieren, wie sie in dieses Hospital und in dieses Bett geraten war. Das war nicht einfach. Die Erinnerungen an die letzten Tage schienen verstreut umherzuliegen, und sie versuchte vergeblich, die gewohnte Ordnung in den Zeitablauf zu bringen. Dann gab sie es auf. Sie mußte sich mit den wenigen Bildern begnügen, die noch in ihrem Gedächtnis hafteten.

Da war vor einigen Tagen – oder war das gestern? – der Besuch bei ihrem Verleger gewesen. Zum erstenmal hatte sie es beschwerlich gefunden, mit hohen Absätzen über das holprige Pflaster des Innenhofes zu gehen, die schmale Wendeltreppe hinaufzusteigen. Worüber gesprochen worden war, hatte sie vergessen.

Ein anderes Bild: Sie selber im großen Wandspiegel ihres Badezimmers. Sie sah aus wie eine Sünderin aus der Bibel, die mit knapper Not einer Steinigung entgangen ist: Tiefblaue, blutunterlaufene Flecke an Armen, Schultern und Beinen. Als hätte sie die vergangenen Tage damit verbracht, gegen Schränke und Türen zu laufen. Das war heute gewesen, an einem Sonntagmorgen: der Hausarzt übers Wochenende in der Normandie, die Freunde in ihren Landhäusern, Julien in Australien.

Sie hatte nachgedacht und mußte wohl lange nachgedacht haben, denn als sie sich entschloß, das Telefonbuch aufzuschlagen, schien die Märzsonne kaum noch durch die Fenster. Der Tag würde bald zu Ende gehen.

Sie hatte die Rubrik «Hôpitaux» gesucht; gleich der erste Buchstabe sollte ihr Glück bringen. Im gewöhnlich vollbesetzten American Hospital war ein Zimmer frei geworden.

Als sie dabei war, ihren Koffer zu packen, einen kleinen Koffer für einen kurzen Aufenthalt, eine Untersuchung, wie sie meinte, fiel ihr die erste Zeile eines Romans ein, den sie vor kurzem gelesen hatte. «Sie hielt sich immer für eine selbständige Frau. In Wirklichkeit war sie eine ‹femme seule›», eine «alleine» Frau.

Sie stand eine Weile vor ihrem Arbeitstisch. In die Schreibmaschine eingespannt ein zur Hälfte beschriebener Bogen. Das Buch, von dem der Verleger gestern gesprochen hatte. Sie würde das Blatt morgen zu Ende tippen. Auf dem Tisch ein paar Zweige Mimosen und Nelken in einer schmalen, häßlichen Vase aus weißem Porzellan, in die, hellblau und golden, Frauensilhouetten in Abendkleidern eingraviert waren. Das Werbegeschenk eines begabten Couturiers, den sie einmal in Magdeburg aufgesucht hatte, als sie eine Reportage über das «andere Deutschland» schrieb. Sie hatte die Vase nur zögernd in Empfang genommen, sie hin und her gedreht, bis sie das Markenzeichen der berühmten Meißener Porzellanmanufaktur entdeckte. Der Couturier hatte sie lächelnd beobachtet. Nun war er sicher, daß sie mit dem Geschenk, das auch seinen Namen trug, behutsam umgehen und es nicht im nächsten Hotelzimmer «vergessen» würde.

So stand sie also eine Weile da und überlegte, ob sie den Blumen frisches Wasser geben sollte, dann ließ sie es sein. Sonderbar, es fiel ihr schwer, von dieser kostbaren, häßlichen Vase Abschied zu nehmen. «Vielleicht bin ich wirklich krank», dachte sie.

Sie hatte die Taxe gerufen, die sie ins Krankenhaus bringen sollte.

Schon an der Tür, nach dem Schlüssel suchend, um hinter sich abzuschließen, fiel ihr ein, sie müsse etwas zum Lesen mitnehmen, um sich gegebenenfalls die Zeit zwischen den Untersuchungen zu vertreiben. Aus dem Bücherregal griff sie in aller Eile – unten wartete schon der Wagen – einen schmalen Band, blau eingebunden, und legte ihn in den Koffer. Daß dies die unvollendeten Memoiren Charles de Gaulles waren, sah sie erst später, und auch den Titel *Mémoires de l'Espoir*, Memoiren der Hoffnung.

Ein neues Bild aus der Erinnerung hervorgeholt, anders als die anderen, präziser in den Details. Sie liegt, halb entkleidet, auf einem Untersuchungstisch in der Notaufnahme des American Hospital, einem großen Raum voll medizinischer Apparate, in dem sie an diesem späten Sonntagnachmittag anscheinend die einzige Patientin ist. Die Ärztin, die sie in Empfang genommen hat, eine stattliche Dame aus Philadelphia, ist nun nicht mehr allein. Neben ihr ein Mann, der aussieht wie der Schauspieler John Wayne, der aber anstatt der Cowboy-Ausrüstung einen weißen Ärztekittel trägt, daneben zwei Assistenzärzte. Da sich noch immer kein anderer Patient in der Notaufnahme befindet, müssen sie wohl ihretwegen herbeigerufen worden sein. Nicht einer der Ärzte hat das Wort an sie gerichtet. Sie denkt: «Wie in einer Garage! So muß es einem Mercedes zumute sein, der darauf wartet, repariert zu werden.» – «Ein Wagen älteren Baujahres», fügt sie in Gedanken hinzu, «der ein Ersatzteil braucht, vielleicht aber auch nur aufgetankt werden muß.»

Der Vergleich war durchaus nicht unrichtig. Später sollte sie erfahren, daß der lebenswichtige ‹Tank› in ihrem Körper brüchig geworden war und sich langsam leerte.

Nach den Untersuchungen hatte man mich von einem Tisch auf den anderen geschoben. Eine Stimme sagte: «Die Patientin kann jetzt auf ihr Zimmer gebracht werden.» Ich versuchte aufzustehen. Ich wollte selber in mein Zimmer gehen und nicht dahin gebracht werden. Der Krankenpfleger, der mir von der einen Liege auf die andere geholfen hatte, war ein großer, dunkelhäutiger Mann, ein Senegalese, wie ich später erfuhr. Ich erinnere mich an sein breites Lächeln und an den tiefbraunen Arm, den er mir hinhielt. Ich stieß den Arm zurück. Ich brauchte keine Hilfe, um wieder auf die Beine zu kommen. Und dann war mit einemmal alle Kraft aus mir gewichen, und ich begann langsam, wie ich meinte, hintenüberzufallen. Und ich hatte nach dem runden schwarzen Arm gegriffen.

Der Pfleger hob mich hoch und legte mich auf eine fahrbare Liege. Dann ging es in übergroßen Fahrstühlen und durch endlose Korridore bis zum Zimmer.

So war ich endlich in diesem Bett gelandet und lag bewegungslos, den Kopf in einem dicken, weißen Verband, der auch das Kinn mit einbegriff. Und das alles wegen einiger weniger Blutstropfen, die man dem Ohrläppchen entnommen hatte. Die Blutung war anders nicht zu stillen gewesen. Regungslos im Bett liegend, beide Arme fest an den Körper gepreßt, den Kopf in der weißen Umhüllung, mußte ich an die Skulpturen denken, wie sie oft in Kathedralen auf mittelalterlichen Steinsärgen liegen. Mit einem wesentlichen Unterschied allerdings: Mittelalterliche Skulpturen haben die Hände gefaltet.

Der junge Arzt vom Dienst schlug vor, mir einen Handspiegel zu bringen. «Sie sehen richtig romantisch aus, wie eine Ordensschwester.»

Es sollte ein Trost sein, aber ich wollte den Handspiegel nicht. Ich dachte an Schwester Theophania, die ich als kleines Mädchen in der Klosterschule kannte, in der ich lesen, sticken und stricken lernen sollte. Eines Tages hatte Schwester Theophania mich in ihr Zimmer geholt und mir am Ende einer langen Rede geraten, «auf diese Welt zu verzichten». Ich sei dazu geschaffen, in ihren Orden einzutreten. Sie habe mich oft beobachtet, wenn ich, im Garten auf einer Bank sitzend, nachzudenken scheine.

Das mit dem Garten war so unrichtig nicht. Ich hatte keine Mutter mehr und strich oft um eine blaugekleidete gipserne Madonna herum, die, das Kindlein an die Brust drückend, auf einem kleinen Sockel im Garten stand. Dann setzte ich mich auf die Bank daneben und schaute in den Himmel.

Schwester Theophania war wunderschön. Ich liebte sie sehr, aber ihr Vorschlag machte mir angst. Gerade die Welt, von der sie mir abriet, schien mir voller Wunder, ich war nicht bereit, auch nur auf eines davon zu verzichten.

Verstellbare Betten haben ihre Vorteile. Der Schalter rechts vom Bettrücken half mir, mich aufzurichten, so daß ich mich im Zimmer umsehen konnte. Es war kein großer Raum, und ich versuchte, ihn mit einer spektakulären Szene in Einklang zu bringen, deren Bild sich mühsam den Weg in mein Bewußtsein bahnte. Eine wichtige Szene, die sich hier in diesem Raum abgespielt haben mußte, ein Bild, das meine Erinnerung wie etwas Unliebsames in den Hintergrund gedrängt hatte. Zwischen Bett und Wand hatte ein langer, breiter Tisch gestanden, wie aus einer von Kafka erdachten Gerichtsszene. Der amerikanische Chefarzt, Doktor Hewes, der aussah wie John Wayne, präsidierte; rechts und links von ihm seine Assistenten. Die Oberschwester fungierte als Protokollführerin. Auf dem Tisch lag eine Art Anklageschrift, eine Liste all der Medikamente, die ich in der letzten Zeit eingenommen hatte: Schlafmittel, Aufbaumittel, schmerzstillende Tabletten, Hustensirups, schnupfenverhindernde Käpselchen, Vitamin-Cocktails und ähnliches.

Ohne Zweifel handelte es sich um ein Gerichtsverfahren. Ich saß halb aufgerichtet in meinem Bett, verstand aber nicht alles, was gesagt wurde. Es ging um etwas, das die Ärzte einen Zusammenbruch der Thrombozyten, der Blutplättchen, nannten.

Blutplättchen sind Hunderttausende kurzlebiger, sich immer wieder erneuernder Zellen, eine Art Bereitschaftsdienst. Er hat dafür zu sorgen, daß Probleme der Blutgerinnung ordnungsgemäß gelöst werden und auf jede im Gefäßsystem auftretende Lücke der entsprechende Pfropf gesetzt wird. Eine Aufgabe, die offenbar so vielfältig und lebenswichtig ist, daß die Truppenstärke dieser Blutplättchen nicht unter ein bestimmtes Niveau sinken darf.

In meinem Organismus nun drohte ein Rohrbruch. Doktor Hewes, in diesem Fall der Klempner, hatte ihn in letzter Minute zu verhindern.

Ich wurde nicht schuldig gesprochen, aber die Blicke, die man mir zuwarf, ließen keinen Zweifel aufkommen. Ich hätte diese Arzneien nicht einnehmen sollen. Der amerikanische Arzt, Ankläger im weißen Kittel, erklärte, daß zumindest drei der erwähnten Medikamente in medizinischen Kreisen schon lange umstritten seien. Meinen Einwand, sie seien mir schließlich alle von Ärzten verschrieben worden, schob er mit einer Handbewegung zur Seite. Solidarität unter Medizinern? Er war auch nicht an den Namen der ‹schuldigen› Ärzte interessiert. Ich allein war der Täter. Ich allein hatte all die Tabletten und Kapseln geschluckt, das stimmte doch, ja oder nein? Also war ich schuldig und wurde verurteilt. Wie das Urteil lautete, wollte keiner sagen, und ich stellte keine Fragen. Doktor Hewes gab seine Anweisungen. Ich hörte sie an wie einen Urteilsspruch: Medikamente, deren Namen mir angst machten, in regelmäßigen Abständen, auch nachts. Ich versuchte zu protestieren: «Gibt es nichts anderes? Mein Magen... mein Kopf...» Doktor Hewes, der noch immer am Tisch saß und in seinen Papieren kramte, hob den Kopf. Er sagte und sah mich dabei nicht an: «Sie haben keine Alternative.»

Nun, da ich, halb aufgerichtet, mich im Zimmer umsah, wußte ich, daß die Gerichtsszene nur in meiner Phantasie stattgefunden hatte. Der große Tisch hatte nie da gestanden. Der Raum zwischen Bett und Wand war viel zu eng, das Zimmer zu klein.

Kein Tribunal hatte getagt und mich schuldig gesprochen. Aber Doktor Hewes war tatsächlich dagewesen, schon vor mehreren Stunden allerdings, es wurden Medikamente aufgezählt, und er hatte den Satz gesprochen: «Sie haben keine Alternative.» Die Oberschwester hatte dabeigestanden und mir einen besorgten Blick zugeworfen. Hatte die Kranke den Sinn des Satzes überhaupt verstanden? Wie würde sie darauf reagieren?

Die Kranke hatte die Augen geschlossen und nichts gesagt; vielleicht versucht, nicht die Fassung zu verlieren. Ein unbekanntes Gefühl war in ihr aufgestiegen, das sie zunächst vergeblich zu identifizieren suchte. Eine Art Staunen, eine Betroffenheit, die dann in Empörung überging. Wie! Da gab es innerhalb ihres Körpers eine Blutfabrik, für die sie mitverantwortlich war, und sie hatte erst heute davon erfahren, in dem Moment, als die Installation zusammenzubrechen drohte. Da war doch etwas nicht in Ordnung. Oder wußten das alle, und sie war die einzige, die davon nie etwas gehört hatte? Jeder Maschine wird doch eine Gebrauchsanweisung mitgegeben, warum nicht dem menschlichen Körper?

Von fern her klang der gedämpfte dreitönige Singsang einer Ambulanzsirene. In die Gänge hinter der Zimmertür kam Bewegung, als liefen mehrere Leute so leise wie nur möglich durch die Korridore in irgendeine Notaufnahme oder einen Operationssaal. Vielleicht ein Autounfall. Kein Wochenende ohne Verkehrsopfer.

Sie merkte, daß sie fröstelte. War sie dabei, mit dem Schöpfer zu hadern? Fragte sie sich, warum er, der auch die Erde geschaffen hat und die Bäume und die Blumen und dann auch die Tiere, warum er noch etwas so Kompliziertes entworfen habe wie den menschlichen Körper? Eine Konstruktion, bei der hier ein Blinddarm platzen, da eine weibliche Brust gefährlich anschwellen und schließlich auch die Blutfabrikation lahmgelegt werden konnte? Warum diese komplizierte Konstruktion, deren Funktionieren nur mit modernsten Apparaten festgestellt werden konnte, mit Apparaten, die erst lange nach der Entstehung der Menschheit in mühevoller Arbeit von Gelehrten und Forschern erfunden werden mußten? Warum nicht etwas Einfacheres, Praktischeres, das leichter instand zu halten war? Oder gab es zu Anfang ein einfacheres Modell, und das komplizierte kam erst später?

Wie war das eigentlich im Garten Eden gewesen? Nach dem Sündenfall natürlich, vorher gab es ja weder Gut noch Böse, das wußte jedes Kind. Aber nach der Schlange und dem Apfel vom Baum der Erkenntnis? Litt Adam je an Schnupfen oder Kain, ehe er seine furchtbare Tat ausführte, an quälenden Kopfschmerzen?

Die Nachtschwester hatte mir eine neue Dosis Tabletten gebracht. Schwester Mireille war ein hübsches Mädchen, zierliche Figur, braunes Haar, blaue Augen. Ihr Kittel war viel zu weit für sie, sie hielt ihn an der Taille mit einem breiten Gürtel zusammen. So als trüge sie ein weites griechisches Gewand. Trotz der vielen Falten enthüllte der Kittel mehr, als er verbarg, und sie schien darunter nackt zu sein. Sie blieb eine Weile an meinem Bett sitzen und erzählte von sich und ihrem Leben in Paris und daß sie sehr einsam sei: Familie in Nizza, die Arbeit im Hospital nur provisorisch. Sie wollte Karriere machen, singen und Video-Clips fürs Fernsehen drehen. Ihre Liedertexte schrieb sie selber, in Italienisch, das sei jetzt die Mode für romantische Liebeslieder, Italienisch oder Spanisch, wie Julio Iglesias. Sie arbeitete mit einem Pianisten zusammen, war an ihren freien Tagen viel allein. Wie auf einer Insel. Eine Insel mitten in Paris? «Inseln gibt es überall», sagte sie, «nicht nur im Pazifik. Und man kann überall wie auf einer Insel leben.» Ich war aufmerksam geworden. Soviel Philosophie hatte ich der hübschen kleinen Krankenpflegerin nicht zugetraut.

Ehe Mireille ging, legte sie mir leicht die Hand auf die Stirn und sagte: «Sie sollten jetzt schlafen. Versuchen Sie es doch. Auch wenn es schwerfällt.»

Nein, es fiele nicht schwer, im Gegenteil. Es wäre schön, sich in den Schlaf fallen zu lassen, hintenüber, wie als Kind auf dem Lande in einen Heuhaufen. Immer tiefer zu versinken ohne die Angst, dem Schlaf zu erliegen, der die Arme nach mir ausstreckte.

Schwester Mireille hatte das Licht gelöscht. Wie spät mochte es sein? Mein Handgelenk mit der Armbanduhr war mir zu weit weg. Nie hätte ich geglaubt, daß eine Bewegung so schwer in Gang zu setzen ist. «Schlafen Sie jetzt», hatte Schwester Mireille gesagt. Gerade das wollte ich nicht. Nicht schlafen. Und vor allem: nicht einschlafen. Nicht heute. Nicht jetzt. Dieser Tag durfte nicht zu Ende gehen.

Das Bett ist zu schmal, der Raum zu eng. Ich war froh, wieder auf der Straße zu sein. Über dem Schlafanzug trug ich meinen beigefarbenen Regenmantel und um die Schultern ein breites, buntgemustertes Wolltuch, das ich mit beiden Händen festhielt. Auch eine Märznacht ist kühl, wenn man aus dem Krankenbett kommt. Ich begegnete vielen Bäumen, Platanen, die Straße war eine breite Allee, und die Gebäude hielten sich diskret weitab von der Straße im Hintergrund. Sollte ich Menschen begegnet sein, so habe ich es vergessen. Ich ging langsam, den Platanen entlang. Wer hatte mir kürzlich erzählt, man könne mit Bäumen sprechen? Vielleicht gilt das für Tannen, für Fichten und Eichen, kurz, für Bäume, die man in einem Wald antrifft, aber doch nicht für diese Paradefiguren, die in regelmäßigen

Abständen den Boulevard Victor-Hugo im Pariser Villenvorort Neuilly säumen.

Ich wußte nicht, ob ich die Absicht hatte, in mein Hospital zurückzukehren. Bis das harte Pflaster zu schmerzen begann. Ein Blick auf meine Füße: Ich hatte vergessen, Schuhe anzuziehen. Schließlich war ich froh, wieder im Zimmer zu sein und in meinem Krankenbett zu liegen.

Ich mußte sehr lange im Freien gewesen sein, denn bald kam Schwester Mireille mit neuen Tabletten. Was würde sie zu der Unordnung im Zimmer sagen? Regenmantel auf dem Sessel vor dem Fenster, das bunte Tuch über einen Stuhl geworfen. Aber Mireille merkte offenbar nichts, sie blieb neben dem Bett stehen und sorgte dafür, daß ich die Tabletten schluckte.

Dann fiel mir ein, daß mein Regenmantel zu Hause im Schrank hing. Was hätte ich an einem schönen Märztag auch damit anfangen sollen? Irgend etwas an dem Spaziergang auf der Straße stimmte nicht.

Mireille war gegangen. Mit ihr der Duft ihres schönen, jungen Körpers, ihre Hoffnungen und die vielen Lieder, deren Musik sie in sich trug. Im Zimmer war es jetzt dunkler als zuvor.

Mein Kopf kam nicht zur Ruhe. Er summte und

summte... Wäre es nicht so schwer gewesen, mich zu bewegen, hätte ich das Summen sicher mit einer Handbewegung abstellen können, wie man eine zudringliche Fliege wegscheucht oder eine Wespe...

Mit einemmal war die Erinnerung da. Die Erinnerung an eine ganz bestimmte, längst vergessen geglaubte Wespe, damals in Berlin.

Mein erster Besuch nach dem Krieg in der früheren Hauptstadt, Mitte der fünfziger Jahre. Ich war nicht allein, Julien begleitete mich. Er kannte Berlin nicht. Wir gingen viele Stunden durch zerstörte Straßen und über leere Flächen, die einst große Namen getragen hatten. Nun wollte ich ihm auch etwas Freundlicheres zeigen, und so saßen wir auf einer Terrasse am Wannsee. Es war ein heißer Nachmittag im August. Wir sprachen nicht. Wie so oft sahen wir einander beim Denken zu, der Anblick der zerstörten Stadt hatte uns nachdenklich gemacht. Auf dem Tisch standen zwei Tassen Kaffee, und eine Wespe brummelte um sie herum. Sie störte. Julien, ein Mann von schnellen Entschlüssen, nahm ein leeres Wasserglas und stülpte es über die Wespe, die nun verzweifelt hin und her taumelte. Die Lösung gefiel mir nicht, aber Julien beruhigte mich. «In diesem Glas ist genug Sauerstoff für ein so kleines Insekt. Sobald wir gehen, kommt ohnehin ein Kellner und nimmt auch das Wasserglas mit.» – «Also ist der Kellner die Vorsehung», sagte ich. Julien hatte mir einen schnellen Blick zugeworfen.

Und nun stellte sich dieses Bild wieder ein. Wer hatte mir dieses Krankenzimmer über das Bett und den Körper gestülpt? Welcher Kellner, welche Vorsehung würde mich aus dieser bedrohlichen Situation befreien?

Auf den Gängen, hinter der Zimmertür war es still geworden. Die Nacht lag vor mir wie eine schwarze zähe Masse, durch die es hindurchzukommen galt.

Langsam, eine nach der anderen, gingen die Minuten durch den Raum, behutsam ihre Einbahnstraße entlang. Keine von ihnen würde je wiederkehren. Es waren *meine* Minuten. Sonderbar zu denken, daß jedermann seinen eigenen Vorrat an Minuten mitbekommt. Vielleicht würde in dieser Nacht eine von ihnen die letzte sein. Sie würde langsamer gehen als die anderen, oder auch schneller. Dann wäre der Raum leer. Nur ich wäre noch da. Wäre ich da? Ohne jeden Zweifel. Ich hatte ja diesen schmalen Streifen um das Handgelenk, der meinen Namen trug.

Das Zimmer blieb dunkel. Warum ich in dieser Dunkelheit alles so klar erkennen konnte, verstand ich nicht. Ich nahm wahr, daß die Gegenstände im Raum nicht mehr fest auf ihrem Platz standen. Hoch türmte sich das Bett über mir. Das Telefon auf dem metallenen Nachttisch wäre nicht erreichbar gewesen, hätte es geklingelt. Ich befand mich rechts vom Bett auf einer Liege, immer noch regungslos, die Augen geschlossen, die Arme dicht an die Seiten gepreßt. Und genau in diesem Augenblick trat mir gegenüber ein Besucher durch die Tür – richtiger: durch die Zimmerwand, denn mir gegenüber gab es keine Tür.

Er sah so aus, wie ich ihn in Erinnerung hatte, ein weißhaariger Herr mit dunkler Brille, in der Hand den festen Wanderstab, mit dem der fast völlig Erblindete einsame Spaziergänge auf den vertrauten Wegen der Bühlerhöhe im Schwarzwald machte. Hin und wieder pflegte er den Kopf zu heben, als könne er da oben etwas Besonderes erblicken.

So hatte Graf Dürckheim eines Nachmittags mir gegenübergesessen, die fast erloschenen Augen fest auf mich gerichtet, als wolle er sich meine Gesichtszüge genau einprägen. Das, was er sagte, hatte er wohl schon hunderte Male gesagt – auch, daß man manchmal mit Bäumen sprechen könne. Aber wie alle großen Lehrer verstand es der frühere Diplomat, der in Japan dem Zenbuddhismus begegnet war, jeden Gedanken für den Zuhörer neu erstehen zu lassen. Ich stellte keine Fragen, er wählte das, worüber er sprach, selber aus. Er bedauerte den «hektischen Ablauf des Zeitgeschehens», der viele Menschen daran hindere, «die privilegierten Momente des eigenen privaten Lebens zu erkennen.» Ein Satz, der sich seither oft bei mir einstellt.

Aber darum ging es in dieser Nacht nicht. Der schwarzgekleidete Meister kam mit einer anderen Botschaft.

Er wollte an ein Geschehnis aus seinem Leben erinnern, das er mir damals erzählt hatte. Es war um die Erkrankung eines sehr tätigen Freundes gegangen, den er in seinem Krankenzimmer besuchte und in einem Zustand großer Schwäche antraf. Der Kranke war umringt von Freunden, unaufhörlich klingelte das Telefon, es wurden Verabredungen getroffen, nicht für den darauffolgenden Tag natürlich, aber für später. Dürckheim blieb schließlich allein mit dem Kranken zurück, der erschöpft dalag, schwer atmend, mit geschlossenen Augen. «Ich habe seine Hand ergriffen und gesagt: ‹Nicht wahr, das willst du doch alles nicht mehr. Du möchtest nur eines, friedlich einschlafen dürfen.› Das Gesicht des Kranken entspannte sich», fuhr Dürckheim fort, «er drückte meine Hand und sagte leise: ‹Ich danke dir.› Ein paar Tage später schlief er friedlich ein.»

Mit dem schwarzgekleideten Herrn wollte nun gerade diese Geschichte in mein Zimmer eindringen. Ich mußte mich dagegen wehren. «Ich habe

Sie nicht gerufen», sagte ich, «und ich will auch nicht an Ihre Geschichte erinnert werden.»

Ich wußte, jetzt mußte ich die Augen öffnen. Es war nicht leicht, aber es gelang mir. Der schwarze blicklose Mann war verschwunden, in der Wand mir gegenüber gab es keine Tür. Ich beruhigte mich. Ich dachte an meinen Terminkalender und an einige erfreuliche Verabredungen. Nicht an das Manuskript, das unvollendet zu Hause auf dem Schreibtisch lag. Ich hatte es vergessen.

Ich lag wieder im Bett, und das Dunkel war erträglich.

Aber das genügte nicht. Ich mußte wach bleiben. Ich durfte diesen elenden, blutunterlaufenen Körper nicht im Stich lassen, auch wenn er mich verraten, mit mir nicht Schritt gehalten hatte. Wir haben schließlich immer zusammengehalten, und ich war oft froh darüber, gerade diesen Körper zu haben.

Irgendwann muß die kleine Nachtschwester wieder an mein Bett getreten sein: «Worüber denken Sie nach? Über das Buch, das auf Sie wartet?» Woher wußte Mireille, daß ich gerade dabei war, meine Deutschland-Erinnerungen zu Ende zu schreiben? Ich hatte wohl davon gesprochen.

Schwester Mireille beharrte: «Schreiben Sie einen Roman?» Darauf wußte die Kranke keine Antwort. «Ich meine», sagte Mireille, «eine Geschichte mit erfundenen Menschen.» Die Kranke holte tief Atem, dann atmete sie eine Weile überhaupt nicht. Eine Welle der Erleichterung, ja des Glücks.

Das war es. Das war der Ausweg. Die Menschen, von denen sie schrieb, hatten nie existiert. Es war ein Roman, sie hatte sie alle erfunden, auch die teuflischen Drei, ganz oben. Es lag in ihrer Macht, den Roman nicht zu schreiben. Dann wäre alles anders gewesen. Es hätte keinen Krieg gegeben und alles andere auch nicht. Das war eine neue Wahrheit, zumindest für die Dauer dieser einen Nacht. Ihre Hände verkrampften sich an den Bettkanten, sie hätte vor Freude lachen können oder weinen. Und wußte doch, daß ihr Gesicht, in den dicken Verband gepackt, ohne jede Bewegung blieb.

Ich war wieder hellwach. «Ja», sagte ich mit lauter Stimme, «es ist ein Roman mit erfundenen Menschen. Böse Menschen darunter. Aber auch Kranke.»

«Kranke, so wie hier?»

«Nein, anders.»

Die kleine Mireille wirkte verloren. Dann aber siegte ihr Sinn für das Praktische: «Auch keine Pfleger?»

Sieh einer an! Daran hatte ich nicht gedacht. In der Tat. Eine Epidemie ohne Pflegepersonal.

«Nein, keine Pfleger.»

Mireille: «Da muß es viele Opfer gegeben haben.»

«Viele. Aber die ersten Opfer waren nicht die ‹Kranken›. Die kamen erst später dran. Ein paar Jahre später.»

Wieder legte Schwester Mireille vorsichtig und, wie sie meinte, diskret ihre Hand auf meine Stirn und stellte – beinahe erstaunt – fest: «Sie haben kein Fieber.» Dann fragte sie mich: «Warum erfinden Sie solche Menschen?» Aber ich fand den Faden nicht wieder: «Nicht ich habe sie erfunden. Ich habe niemals Menschen erfunden.»

«Wer also?»

«Das weiß keiner.»

An der Wand, rechts vom Bett leuchtete das Alarmzeichen auf. Mireille wurde in ein anderes Zimmer gerufen.

Mireille, schon an der Tür stehend, hatte gesagt: «Schlafen Sie jetzt. Es ist bald Mitternacht. Ich komme morgen früh wieder und wecke Sie.»

Nein, sie würde mich nicht zu wecken brauchen. Ich war entschlossen, nicht zu schlafen. Ich wollte nicht schlafen, ich wollte vor allem nicht einschlafen. Ich war im Dunkel und wünschte mir niemanden in meine Nähe.

Erst jetzt bemerkte ich einen schmalen, sehr hellen Lichtstreifen, der rechts von mir, der Wand entlang, am Boden zu liegen schien. Er mußte von der Decke gefallen sein. An dieser Stelle gab es keine Tür, und das Licht drang nicht von außen ein.

Ich würde später darüber nachdenken.

Noch war ich bei dem Gespräch mit Mireille und bei dem Satz: «Ich habe niemals Menschen erfunden.» Das war nicht ganz richtig. Als Kind, in den ersten Schuljahren, habe ich mir während des Unterrichts oft Geschichten erzählt, anstatt auf das zu hören, was Madame Chapat, unsere Lehrerin, uns sagte. In meinen erdichteten Geschichten war alles anders als in Wirklichkeit. Da war ich eine gute Schülerin, vielleicht sogar die Klassenerste. Neben mir saß nicht Madeleine, die immer alles besser wußte und mich mit dem Ellenbogen in die Seite stieß, wenn Madame Chapat mich zur Ordnung rief, weil ich, anstatt auf den Unterricht zu achten, zum Fenster hinausgesehen hatte.

Sicher wäre es einfacher gewesen, mir einen anderen Platz zuzuweisen, von dem aus ich weder ein Stück von der Schulhofmauer noch ein Stück Himmel sehen konnte. So aber erdachte ich mir während der Schulstunden eine Geschichte nach der anderen.

Die liebste war mir die Geschichte von der Schaukel und der Wolke. Die Schaukel gab es wirklich. Sie stand bei uns im Garten, und ich hatte oft Angst, wenn sie zu hoch flog. In meinen erfundenen Geschichten fürchtete ich mich nicht. Ich flog höher, immer höher, bis ich endlich eine Wolke erreichte, auf der ich mich niederließ. Von der Wolke aus gesehen, war unser Schulgebäude nur ein winziger Punkt, Madame Chapat und Madeleine konnte man nicht sehen.

Das Wichtigste an der Geschichte von der Wolke war die Heimkehr. Es begann zu regnen, ich konnte mich den Regentropfen entlang wie an einem Seil hinablassen und war zum Abendessen immer rechtzeitig daheim. Yvonne, ein Nachbarkind, das manchmal mit uns im Garten spielte, lachte mich aus, als ich ihr eines Tages von der Wolke erzählte. «Du bist schön dumm», sagte sie. «Was machst du, wenn es einmal nicht regnet und du auf der Wolke sitzen bleibst?» – «Auf meiner Wolke regnet es regelmäßig zum Abendessen», antwortete ich.

Das ist lange her. Inzwischen habe ich gelernt, daß es besser ist, sich nicht in Wolken festzuschaukeln. Es kann eine lange Zeit der Dürre geben, die es einem schwer macht, den Regentropfen entlang zur Erde zurückzukehren.

Man sagt, daß an Ertrinkenden in wenigen Sekunden ihr ganzes Leben vorbeizieht. An mir zog nichts vorbei, also war ich nicht am Ertrinken. Ich mußte Bilder und Erinnerungen selber hervorholen. Eine mühevolle Aufgabe. Um Geschichten zu erzählen, bedurfte es ganzer Sätze, und um Sätze zu bauen, war es unerläßlich, über zuverlässige Worte zu verfügen. Wie lange war es her, daß ich auf diesem langen nächtlichen Weg, den ich so mühsam entlangging, keinem Wort begegnet war? Und doch merkte ich, daß Worte da waren. Hier stand eins und dort ein anderes und etwas weiter ab noch ein drittes. Aber sie drehten mir den Rücken zu und taten, als gäbe es mich nicht. Sie standen stumm herum, es war kein Laut zu vernehmen. Ich war sehr unruhig geworden. Was ging hier vor sich? Die Worte bildeten eine dichte Masse, und es war umsonst, sie voneinander unterscheiden zu wollen. Sie bedrohten mich nicht, aber sie halfen mir auch nicht weiter. Das war nicht die gewohnte Disziplin, die Worte machten nicht mehr mit. Hieß das etwa, daß ich die Sprache verloren hatte? Das geschieht bei manchen Krankheiten.

Meine erste Reaktion war Entsetzen.

«Haben Sie keine Angst», sagte da eine Stimme, die ich noch öfter hören sollte, «Sie haben nicht die Sprache verloren. Hier geht es überhaupt nicht um Sie, sondern um uns, die Worte. Wir haben beschlossen, in den Ausstand zu treten. Wir streiken. Wir haben uns bei Ihnen kaputtgearbeitet. Oft vierundzwanzig Stunden lang ohne richtige Pausen. Und immer in Eile. Sie haben oft nach uns gerufen, so wie man die Feuerwehr ruft.»

Ich lasse die Worte reden. Ich habe nicht die geringste Lust, ihnen zuzuhören. Ich kann ohne Worte auskommen, solange mir noch Bilder bleiben.

«Erinnern Sie sich. Wir waren immer da, wenn Sie danach verlangten und wo auch immer Sie sich befanden: in Ihrem Arbeitszimmer, in Hotels, im

Flugzeug und im Schlafwagen, in Telefonzellen, auch unter offenem Himmel und oft bei so großem Lärm, daß wir uns kaum verständlich machen konnten.»

Ich setze mich zur Wehr: «Vergeßt ihr, daß ihr *meine* Worte seid? Bin ich nicht pfleglich mit euch umgegangen? Habe euch respektiert, nie einem Wort zugemutet, für ein anderes einzustehen? Habe ich nicht manche von euch, die im Ruhestand waren und längst vergessen, wieder hervorgeholt? Und euch nie sinnlos paradieren lassen, um zu verbergen, daß dahinter nichts ist?»

Ein unzufriedenes Murmeln war die Antwort. Die Worte ärgerten sich über mich, es war nicht das erste Mal.

Dann wieder die Stimme, weniger hart, weniger feindselig: «Dazu noch die Träume...»

Ich unterbrach: «Man träumt nicht in Worten, man träumt in Bildern.»

Ich hörte nicht mehr hin. Mein Kopf war leer, und ich spürte das harte kleine Kissen, auf dem er lag. Ich wollte mit alldem nichts zu tun haben. Solche Worte waren keine Gesprächspartner für mich. Ich war verwöhnt. Ich hatte mit großartigen Worten Umgang gepflogen, kostbaren Worten, die ich in Ehren hielt, darunter Worte aus weit entfernten Gefilden.

Und dann sprach ich doch und sagte, fast gegen meinen Willen: «Findet ihr es besonders anständig, mich gerade in dieser Nacht im Stich zu lassen?

Dann haut eben ab. Sucht euch einen anderen Arbeitgeber. Ich entlasse euch. Alle.»

Es war die richtige Methode. Die Worte waren recht einsilbig geworden. Ich hörte keinen Lärm mehr um mich. Es gelang mir, die Augen zu öffnen. Der Streik war zu Ende.


Der Aufstand war zu Ende, und ich war froh darüber. Ich hatte so getan, als fürchtete ich ihn nicht; in Wahrheit hatte ich Angst. Ich hatte vorgegeben, auf die Worte verzichten zu können, aber das war falsch. Bilder, die das Gedächtnis hervorzaubert, genügen nicht, man verliert sie zu leicht aus den Augen. Worte bleiben.

Einige Verszeilen kehrten in mein Gedächtnis zurück. Ich wußte nicht, woher sie kamen, und das war wohl auch nicht wichtig. Ich sagte mir die Zeilen vor:

> Toute personne qui écrit
> Ne peut que tomber un jour
> En pourriture. Le temps ne gardera intacts
> Que les mots qu'elle aura écrits
>
> N'écris donc de ta main
> Que les mots qui te réjouiront
> Lorsque tu les verras à nouveau
> Au jour de la Résurrection.

> Wer es auch sei, der schreibt
> Wird eines Tags vermodern
> Die Zeit bewahret unversehrt
> Nur das geschriebne Wort
>
> Darum laß deine Hand nur Worte schreiben
> Die dich dereinst erfreuen sollen
> Wenn du sie wiedersiehst
> Am Auferstehungstag.

Die Verse aus «Tausendundeiner Nacht», eine Übersetzung aus dem Arabischen.

Also erfreuliche Worte schreiben? Aber wo nähme ich das Papier her in diesem dunklen Zimmer? Und woher den Stift?

Dann erzählen. Aber wem?

Es war sonderbar still geworden. Und ich war es, die in dieser schwarzen Stille schwerer atmete als sonst.

Nun gut. Ich würde mir selber Geschichten erzählen, da niemand sonst da war. Geschichten wie in «Tausendundeiner Nacht». Auch wenn ich keine arabische Prinzessin war und es keinen gestrengen König gab, der mich hinrichten lassen wollte, vorher aber noch alle Märchen bis zu Ende hören.

Ganz aus der Nähe ein gedämpftes Geräusch, wie das einer Tür, die man öffnet oder schließt. Hatte ich das vergessen? Ich war nicht allein in diesem Hospital, mein Zimmer nicht die einzige Insel in diesem Archipel der Einsamkeiten.

Meine erste Geschichte heißt: eine Insel im Norden.

Aber zuerst muß ich von Arno erzählen...

Hier unterbrach mich eine Stimme: «Erzählen Sie aber bitte, wie wir das von Ihnen gewohnt sind. Der Reihe nach und mit allen Details. Jetzt springen Sie von einem Thema zum anderen...»

Ich war fassungslos. Wie sollte ich erklären, daß die Vergangenheit kein Abgrund ist, in den man sich fallen lassen kann, sondern eine Anhöhe, die man mühsam erklimmen muß, Schritt für Schritt, vorsichtig, manchmal auch mit einem übergroßen Schritt zur Seite, um besser Halt zu finden. Bis man schließlich den Gipfel erreicht und einen Blick tun kann auf die weite Landschaft der Erinnerung.

Aber zurück zu Arno. Arno war ein besonders schöner Junge, einer der vielen Balten aus großen Familien, die damals in Berlin lebten. Sein zartes Profil hatte etwas beinahe Mädchenhaftes, was aber Mädchen nicht daran hinderte, sich in ihn zu verlieben. «Er könnte ein Frosch aus dem Märchen sein», hörte ich einmal eine junge Berlinerin sagen, «ein Frosch, den der Kuß eines Mädchens in einen richtigen Märchenprinzen verwandelt hat.» Nur: Arno interessierte sich nicht für Mädchen.

Er war ein begabter Fotograf und arbeitete für mehrere Berliner Magazine. Das Zeitgeschehen hatte nichts an seinen Lebensgewohnheiten geändert, obwohl es immer gefährlicher wurde, zu seiner Welt zu gehören, und schon davon gesprochen wurde, daß dieser oder jener in einem Gefängnis oder einem Lager verschwunden war. Arno aber lebte wie zuvor. Unbekümmert sprach er hier junge Polizisten an, die am Brandenburger Tor Dienst taten, dort sogar einen schneidigen SS-Offizier, den er zu später Stunde in einer Bar am Kurfürstendamm kennenlernte. Immer wieder mit der höflich formulierten Einladung, an einem der nächsten Tage bei ihm eine Tasse Tee zu trinken.

Als ich Arno ankündigte, daß meine Pariser Zeitung mir unerwartet einen Monat Ferien zugebilligt habe und daß ich plane, sie in Schweden zu verbringen, zögerte er nicht: «Selbstverständlich fahre ich mit Ihnen.»

Schweden als Ferienland hatte ich mir hauptsächlich deswegen ausgedacht, weil in meinem Berliner Arbeitszimmer ein besonders schön gerahmtes Bildchen hing. Kein Kunstwerk. Ein Blatt, aus einem Münchner Magazin ausgeschnitten. Es stellte eines jener großen Segelschiffe dar, wie sie damals, ein paar Jahre vor Beginn des Krieges, noch die Weltmeere durchkreuzten. Das Schiff auf dem Bild hieß «L'Avenir» und gehörte zur Handelsflotte des weltberühmten Reeders Gustaf Erikson.

Berlin war um diese Zeit eine hektische Stadt. Ich stand manchmal vor dem Bild und träumte davon, das Meer zu sehen und den blauen Himmel darüber und, ganz aus der Nähe, das Schiff «L'Avenir» mit seinen neunundzwanzig weißen Segeln, so war in dem Münchner Magazin zu lesen gewesen. Jenny in der «Dreigroschenoper» war schon damit zufrieden, sich singend «ein Schiff mit acht Segeln» (allerdings auch «mit fünfzig Kanonen») zu wünschen.

Daß nicht, wie ich meinte, Stockholm der Heimathafen von Herrn Eriksons Flotte war, sondern Mariehamn, die Hauptstadt der Insel Åland – der größten des Ålands-Archipels –, erfuhr ich erst später.

Als ich Arno am Anhalter Bahnhof traf – es würde eine lange Reise werden –, sah ich, daß er eine ganze Menge Koffer mitgebracht hatte, noch mehr als ich. Wir fanden ein Abteil für uns allein. Ich setzte mich sofort in eine Ecke und versuchte zu schlafen. Meine Zeitung hielt mich oft bis in die frühen Morgenstunden wach, und ich hatte, wo immer ich auch war, Schlaf nachzuholen.

Kurz vor der Grenze in Trelleborg wachte ich davon auf, daß ich Arnos Nähe verspürte. Er saß dicht neben mir und hatte den Arm zärtlich um meine Schulter gelegt. Wir hatten Glück. Die Tür zu unserem Abteil wurde zwar so heftig aufgerissen, als wolle ein ganzes militärisches Kommando eindringen und das Abteil besetzen, aber die beiden Zollbeamten hatten Verständnis für das Bild, das sich ihnen bot: zwei Liebende auf der Fahrt ans Meer.

Allerdings wies einer der Beamten pflichtgemäß auf die Koffer, die das Gepäcknetz füllten, stellte auch die Frage: «Wem gehört das?», gab sich aber mit Arnos gehauchtem «Uns» zufrieden. Das war alles.

«Ich fahre nämlich nicht wieder nach Berlin zurück», sagte Arno, sobald sie gegangen waren. Er saß nun wieder mir gegenüber. «Ich habe so ziemlich alles mitgenommen, was ich an Kleidung und Wäsche besitze, auch einigen Schmuck.» Aber die vielen Bücher? Und das silberne Tee-Service, das er von seinem Onkel geerbt hatte? Und... All das ließ er zurück. Ein befreundeter Arzt hatte ihn gewarnt. Er habe zu viele Unbekannte zum Tee eingeladen, sein Name sei in einigen unliebsamen privaten Adreßbüchern aufgetaucht. Man plane, sich demnächst auch mit seinem Fall zu befassen. «Ich habe Ihnen davon nichts erzählt, um Sie nicht zu beunruhigen. Es handelt sich schließlich um eine Flucht, und Sie sind, ob Sie es wollen oder nicht, meine Komplicin. Ich wollte unbedingt, daß man uns für ein Pärchen hält. Das hat ja auch geklappt.»

Ich war traurig bei dem Gedanken, eines Tages ohne Arno zurückfahren zu müssen. Es würde wieder einmal einen Abschied geben, einen aus der langen Reihe der Abschiede, die nun zu meinem Alltag gehörten.

Das war aber nicht alles, was Arno mir verschwiegen hatte. Auf der langen Fahrt von Malmö nach Stockholm erzählte er mir, daß er beschlossen habe, ein neues Leben zu beginnen. Vor einigen Monaten habe er in Berlin eine schwedische Dame kennengelernt und sich in sie verliebt. Sie hätten viele Briefe gewechselt, seien sich immer näher gekommen, sie habe manchmal darüber geklagt, daß sie nach zwei mißglückten Ehen recht einsam geworden sei; er dächte sehr ernsthaft daran, wie er sagte, «sein Schicksal an das ihre zu binden». In Stockholm werde sich alles entscheiden.

Wir kamen spätabends in der schwedischen Hauptstadt an und wohnten im «Hotel Stockholm».

Nun müßte ich eigentlich erzählen, wie Arno darauf bestand, den nächsten Abend mit mir und seiner angebeteten Dorothée zu verbringen; wie ich also Dorothée kennenlernte, eine elegante, immer noch schöne Frau, obwohl um vieles älter als der junge Balte, offenbar sehr verliebt in Arno und bereit, ihr beträchtliches Vermögen mit ihm als drittem Ehemann zu teilen; wie sie uns beide für den nächsten Nachmittag zum Tee einlud und sichtlich erleichtert war, als ich, eine andere Verabredung vorschützend, ablehnte; wie Arno bis in die frühen Morgenstunden in unserem Hotel an meinem Bettrand saß, um mit mir zu besprechen, welche Blumen er Dorothée schicken sollte, um den Heiratsantrag vorzubereiten: wie er, knapp vor der verabredeten Teestunde, in meinem Zimmer anrief und mich bat, in seinem Namen das Rendezvous mit Dorothée abzusagen; wie er mir zwei Tage später, als Antwort auf eine diskrete Frage, erklärte, er habe an jenem Nachmittag einen Angestellten des Hotels kennengelernt, genauer gesagt, den Jungen, der die Hotelheizung bediente; wie er zu diesem Thema keine weitere Erläuterung lieferte und wie ich daraus folgerte, es gäbe im Leben eines jeden Menschen «unwiderstehliche Neigungen», gegen die anzukämpfen vergeblich war.

Aber das wäre eine ganz andere Geschichte als die, welche ich erzählen will.

«Sehen Sie», sagte eine tiefe Stimme, die ich bisher noch nicht gehört hatte – wie viele Stimmen waren eigentlich noch in diesem Krankenzimmer versammelt? –, «das ist wieder so ein Satz, der zeigt, daß die Worte vorhin recht hatten und daß es nicht immer leicht ist, mit Ihnen zu arbeiten. Wollten Sie das alles aufschreiben, müßten sie immer wieder Strichpunkte machen. Die Sie so oft verächtlich Zwitterzeichen nannten. Oder auch Armutszeichen. Der Schreibende möchte gerne einen Punkt hinsetzen, aber dann fällt ihm auf, daß er seinen Gedanken noch nicht ganz klar ausgedrückt hat und daß es weitergehen muß. Immer wieder haben Sie dagegen das Komma gelobt, das mit elegantem Schwung in den Armen eines Satzes zu tanzen scheint...»

Nun war ich es, die unterbrach: «Darf ich bitte weitererzählen?»

Die Seereise von Stockholm nach Mariehamn, der Hauptstadt der Inselgruppe, dauerte viele lange

Stunden. Bewegtes Meer, unfreundliche Winde. Wie die Ankunft vor sich ging, habe ich vergessen und weiß nur noch, daß unsere Wege sich trennten. Ich hatte ein Hotelzimmer gebucht, Arno wollte die Nacht im Seemannsheim verbringen, von dem man ihm in Berlin, wie er sagte, «wahre Wunderdinge» erzählt hatte. Vor allem, und das war das Wichtigste, waren dort Mädchen nicht zugelassen, nicht einmal, um an der Bar einen Drink zu bestellen.

Der frühe Morgen war bares Entzücken. Blauer Himmel, blasse Sonnenstrahlen und, auf diesem Hintergrund von ferne sichtbar, Mast an Mast, Segel an Segel. Herrn Eriksons Flotte war heimgekommen. Ob das Schiff «L'Avenir» darunter war? Ich konnte nicht erwarten, es aus der Nähe zu sehen.

Zum Frühstück tauchte im Speisesaal Arno bei mir auf, schlecht gelaunt. Der Abend im Seemannsheim war eine Enttäuschung gewesen. Zwar waren alle Zimmer belegt, und es wurde auch viel getrunken, aber die Matrosen der Segelflotte des Herrn Erikson kannten nur ein einziges Gesprächsthema: Mädchen. Warum hatte man ihm in Berlin so viele Märchen erzählt?

Wir wurden unterbrochen. Eine lärmende Schar kam in den Frühstücksraum gestürzt, Matrosen, auf den Mützen die Namen ihrer Schiffe. Einer von ihnen erkannte Arno, auch er hatte die Nacht im Seemannsheim verbracht. Er machte die Kameraden auf unseren Tisch aufmerksam. Jubelrufe in verschiedenen Sprachen: «Ein Mädchen, ein Mädchen.»

Ich sah mich im Frühstückszimmer um. Der Raum war fast leer, und das Mädchen war ich. Schon kam die Gruppe an unseren Tisch, ein großer rothaariger, sommersprossiger Junge legte den Arm um mich. Ich war etwas verloren. Ich hatte in meinem Leben schon viele Rollen gespielt, aber als Seemannsliebchen hatte ich mich nie gesehen. Ich wollte aufstehen, Arno hielt mich fest. Meine Verlegenheit machte ihm Spaß. Er war noch immer schlechter Laune und schien entzückt, daß er seinen Ärger an mir kühlen konnte. Unter den Jungen in blauer Matrosenkleidung waren einige, mit denen man sich ganz gut unterhalten konnte, so ein etwas untersetzter Belgier, der mir nach dem ersten Gläschen «Snaps» aus seinem Leben erzählte.

Seine Weltfahrten dauerten manchmal bis zu drei Monaten, das Meer war nicht immer freundlich, Seeleute lebten gefährlich. Bei jeder Reise wurden ein oder zwei, manchmal sogar drei Matrosen, während sie im Mast arbeiteten, bei einem Sturm oder von einer Sturzflut ins Meer gerissen, und man konnte sie nicht retten.

Nach einiger Zeit und vielen Gläschen «Snaps» beschloß man, den Hafen und die Segelschiffe zu besichtigen. Ich holte mir den schönsten meiner Strohhüte aus dem Zimmer, und wir machten uns auf den Weg, Pierre, der Belgier, an meiner Seite. Der Wind vom Tage vorher hatte sich gelegt. Wir wanderten durch breite Alleen, Linden und Birken – ich weiß nicht, ob Mariehamn schon damals den Namen «Stadt der tausend Linden» trug.

Im Hafen nahmen wir ein Boot und fuhren zu dem Schiff, auf dem unsere kleine Gruppe – meist Schweden, Holländer und Dänen – zu Hause war. Im Boot saß ich neben Arno. Er verstand etwas Schwedisch und wußte schon viel mehr als ich über Mariehamn und den Ålands-Archipel: daß er nicht zu Schweden gehörte, sondern zu Finnland, und daß er mehr als sechstausend Inseln und Inselchen zählt, von denen manche allerdings nur große Felsbrocken im Meer sind.

«Dort liegt auch Ihre ‹L'Avenir›», sagte jemand neben mir und wies nach rechts in die Weite. Aber die Sonne blendete. Vergeblich schützte ich die Augen mit beiden Händen. Da war ein weiter Horizont und ein Wald von Schiffsmasten, aber nicht meine «L'Avenir». Das Schiff lag wohl zu weit weg. Ich würde mich weiter mit dem Bild in meinem Berliner Arbeitszimmer begnügen müssen. Wie traurig: Ich war dem Schiff so nahe gewesen.

Die Stimme eines Matrosen brachte mich in die Wirklichkeit zurück: «Haben Sie auch einen Beruf?»

Das galt mir, aber es war Arno, der antwortete. Arno mit seinem schönen baltischen Akzent, jedes Wort nachziehend, die Silben sorgsam voneinander trennend: «Natürlich hat sie einen Beruf. Sie ist Seiltänzerin.»

Das war die Strafe dafür, daß ich als einziges präsentes weibliches Wesen die Aufmerksamkeit der Männer auf mich gezogen hatte. Alle Augen waren plötzlich auf mich gerichtet. Eine leibhaftige Zirkuskünstlerin! Das wortlose Staunen dauerte nicht lange, sie begannen, untereinander etwas zu besprechen. Mir war unbehaglich zumut. Das stolze Segelschiff hatte mit einemmal jeden Reiz für mich verloren. Arno strahlte, vermied es jedoch, mich anzusehen. Endlich waren sich die Matrosen einig geworden: Es wurde beschlossen, ein Seil zwischen zwei Masten zu spannen, in etwa zehn Meter Höhe, es könne ein schönes Schauspiel geben. Vier Kadetten machten sich ans Werk. Ich wollte fortlaufen, aber wir waren ziemlich weit von der Küste entfernt. Endlich hatte Arno Mitleid mit mir und sagte zu den Männern, sie sollten die Arbeit einstellen: «Sie kann nämlich nur nach einer bestimmten Musik arbeiten, sonst ist es für sie viel zu gefährlich.»

Wieder an Land. Pierre, der untersetzte junge Belgier ging neben mir. Vielleicht sollte ich ihm die Wahrheit sagen? Er würde bald heimfahren, von mir erzählen oder sogar gemeinsame Freunde treffen. Kurz und gut... «Das mit der Seiltänzerin vorhin war natürlich nur ein Scherz. Ich lebe in Berlin, wo ich für eine Pariser Tageszeitung arbeite.» Pierre blieb stehen und sah mich an: «Wenn ich etwas nicht mag», sagte er, «dann sind es Mädchen, die sich für etwas Besseres ausgeben, als sie in Wahrheit sind. Das mit der Zeitung glaubt dir keiner» – warum duzte er mich jetzt? –, «und es ist keine Schande, in einem Zirkus aufzutreten. Wenn man sieht, wie rhythmisch du gehst, weiß man sofort, daß du eine Seiltänzerin bist.»

Es war das schönste Kompliment, das er mir machen konnte. Gleichgewicht auf einem Seil und obendrein die Begabung, das schon am Gang erkennen zu lassen, das bekam jemand wie ich, die es sich nicht leisten konnte, bei der Arbeit allzusehr in der Luft zu schweben, nicht jeden Tag zu hören. Ich muß Pierre sehr begeistert angesehen haben, denn er lud mich zum Abendessen ein. Aber ich wollte mit Arno allein sein und ihm vorschlagen, daß wir uns für den Sommer trennen. Er war auf Abenteuer aus. Ich aber wollte eine kleine Insel finden und ausruhen.

Der Abend mit Arno verlief friedlich. Der Hoteldirektor brachte Herrn Stilling an unseren Tisch. Herr Stilling war Schwede und hatte mehrere Jahre als Kellner in New York gearbeitet. Mit dem ersparten Geld hatte er sich eine kleine Insel gekauft, eine sehr kleine Insel mit einem alten Landhaus, das er zu einer Ferienherberge für ein paar Sommergäste hatte umbauen lassen. Er schlug uns vor, seine Insel zu besichtigen.

«Das ist nicht nötig», sagte ich, «wir können morgen hinfahren, und ich bringe auch gleich mein Gepäck mit.»

«Nur Sie allein?»

«Ja», sagte ich, «der Herr hier fährt nach Stockholm zurück.»

Arno war zuerst betroffen, aber nachdem Herr Stilling uns verlassen hatte, räumte er ein, daß Mariehamn ihn enttäuscht habe.

Herr Stilling und ich fuhren mit dem Motorboot an vielen Inseln vorbei in eine leuchtend farbige Welt.
Das Meer war blau, der Himmel auch, manche dichtbewaldete Insel schien in tiefes Grün gekleidet. Hin und wieder brachte ein Granitfelsen noch etwas Rot in das Bild. Plötzlich lag Herrn Stillings Inselchen vor uns, als sei es eben dem Meer entstiegen.
«Die Insel heißt Avernaes», sagte Herr Stilling.
Als wir näher kamen, sah ich zu meiner Überraschung drei Personen am Strand stehen. Hatte ich davon geträumt, daß Herr Stilling mir seine Insel ganz allein überließ? Was für ein Unsinn! Er vermietete an Feriengäste, an mich, an die drei am Strand und an andere.
Unser Boot brachte die tägliche Post, und die drei Personen warteten auf Briefe und Pakete: Ein Mädchen, ein Junge und eine Frau, die etwas älter schien als die anderen. Alle trugen Badeanzüge, der Junge einen winzigen Slip, die beiden Frauen, wie es Mode war, einteilige Badeanzüge. Alle drei waren sehr blond.
Meine Ankunft machte Sensation. Das Erstaunen, das den Gesichtern abzulesen war, galt weniger mir als dem Gepäck, das Herr Stilling und der Motorbootfahrer am Strand abluden, darunter einen

Schrankkoffer und eine große Hutschachtel. Was mochte wohl die fremde Touristin hier auf dieser Insel mit einer so stattlichen Ausrüstung vorhaben?

Herr Stilling übernahm die Vorstellung. Da war also Ingeborg, eine Schwedin, die etwas Englisch sprach, ihre viel jüngere finnische Freundin Marja und schließlich ein junger Maler aus Stockholm, Koge. Dann begleitete mich der Hausherr zu meinem Zimmer.

Auf dem Weg zum Haus gingen wir an einem Mann vorbei, der am Strand saß und uns den Rücken zukehrte. Er wartete anscheinend nicht auf Post, sondern schrieb eifrig. Er stand langsam auf, um die Neuangekommene zu begrüßen. Ehe er sich ganz aufgerichtet hatte – er war größer als die drei anderen –, sah er zu mir auf. Seine Augen waren blau. Nicht die durchsichtige, fast flüssige Farbe heller Augen, sondern ein dichter, wie mit blauer Tinte hingepinselter Klecks. Sein Name war Gösta, er sprach nur schwedisch und schrieb einen Roman.

Das Zimmer in der Stilling-Herberge war genauso, wie man es sich wünschen konnte, buntbemalte Möbel, ein breites Holzbett im bäuerlichen Stil mit großen weiß-blau gestreiften Leinenvorhängen, dazu ein Tisch und zwei Stühle. Ich suchte automatisch den Lichtschalter. Es gab keinen. Wozu auch? Auch eine Nachttischlampe fehlte. Im Winter war die Herberge geschlossen, und jetzt, Anfang Juli, ging die Sonne erst spätnachts unter und stieg einige Stunden später schon wieder aus dem Meer.

Eine schmale Treppe führte in ein oberes Stockwerk. Andere Schlafzimmer wahrscheinlich.

In diesem Haus würden wir fünf leben. Durch die Holzwände und durch die offenen Fenster drang kein anderes Geräusch als die leisen Barcarolen der Wellen – der Inselkranz um uns verhinderte jedes Wogen-Crescendo, auch die Gezeiten merkte man kaum – der Schrei einer Möwe, das gedämpfte Plätschern von Rudern, wenn ein fremdes Boot an Avernaes vorbeizog.

Später machten wir Bekanntschaft miteinander. Das war nicht ganz leicht. Die einzige, die außer Schwedisch noch eine andere Sprache kannte, war Ingeborg. Sie kam aus Stockholm und hatte sich hier mit ihrer Freundin getroffen, Marja, dem finnischen Mädchen, das seine schweren blonden Zöpfe wie einen Kranz um den Kopf gewunden hatte, weil dies beim Schwimmen praktischer war.

Gösta, der Mann mit den tintenblauen Augen, saß jetzt wieder am Strand und reihte auf seinem Schreibblock eifrig große Buchstaben aneinander.

Und dann war auch noch Koge da, der Maler. Etwas kleiner als Gösta, ein besonders schön gewachsener Junge, dem es offenbar Spaß machte, mit seinem glatten blonden Körper zu paradieren. Er lief gerne unbekleidet umher. Sein rundes Gesicht wirkte leicht banal: Stupsnase, Augen wie dunkle Kastanien, darüber ein flachsblonder Haarschopf. Er war vom ersten Augenblick an an meiner Seite, ohne daß das viel zu bedeuten hatte. Wären Göstas tintenblaue Augen nicht gewesen, hätte ich Koge vielleicht mehr Beachtung geschenkt. Auf der Insel arbeitete Koge nicht, er hatte nicht einmal Pinsel und Farben mitgebracht, und er sah manchmal erstaunt zu Gösta hinüber, der an seinem Manuskript schrieb, viele Blätter füllend, neben ihm ein kleiner Hügel Papier, der täglich anwuchs.

Gesprochen wurde wenig, vielleicht, weil ich nicht mithalten konnte. Das soll jedoch nicht heißen, daß es den ganzen Abend über still war. Im Gegenteil. Wie vier Menschen, denn ich zählte, wie gesagt, nicht, so viel Lärm machen konnten, verstand ich nicht. Koge hatte eine Ziehharmonika, das stimmte, Gösta, der Schriftsteller, eine Gitarre. Sie sangen schwedische Volkslieder. Ingeborg, die Schwedin, stimmte ein mit einer weittragenden Sopranstimme, Marja, das finnische Mädchen, sang nur zögernd mit; ihr Repertoire war nicht so reichhaltig wie das der Schweden. Ein altes Grammophon, das zum Bestand der Insel gehörte, leierte eine nach der anderen ein gutes Dutzend Schallplatten ab, die offensichtlich Herrn Stilling gehörten, amerikanischer Jazz, Negro-Spirituals, die gar nicht zu dieser kleinen Insel paßten.

Als ich mich gegen ein Uhr morgens als erste erhob, um in mein Zimmer zu gehen – wir saßen um ein Feuer oder lagen auf Kissen, die wir an den Strand gebracht hatten –, merkte ich das Erstaunen der anderen. Was wollte die Fremde? Doch nicht schlafen gehen? Es war die Zeit der hellen Nächte, und die Sonne würde in wenigen Stunden wieder aufgehen. Sie schlugen vor, mit dem Boot auf eine benachbarte, leicht hügelige Insel zu fahren, von dort könne man in drei Stunden die Sonne erscheinen sehen, ein herrlicher Anblick. Ich wollte nicht so lange warten. Ich war müde.

Am nächsten Morgen, noch halb im Schlaf, sah ich mich ziemlich unsicher im Zimmer um. Nein, es war kein Schreibtisch da, und es gab auch keine Zeitungen, die darauf warteten, gelesen zu werden. Radio? Tragbare Geräte gab es noch nicht. Das Zeitgeschehen ging ohne uns weiter, weitab von unserer Insel.

Bald gehörte ich ganz zu ihnen. Auch ich hatte längst keine Strandschuhe mehr an, nur noch, wenn wir zu einer anderen Insel ruderten. Und auch ich vergaß manchmal, beim nächtlichen Schwimmen den Badeanzug anzuziehen.
Wer sie waren, wußte ich nicht. Zu einem Gespräch reichten unsere gemeinsamen Sprachkenntnisse nicht. Sie hätten miteinander lange Diskussionen führen können, aber sie taten es nicht. Waren sie arm oder reich? Wie lebten sie? Wohnten sie in eigenen Häusern oder in möblierten Zimmern? Unsere Badekleidung sagte nichts über unsere Herkunft aus.
Ingeborg allerdings trug einen kostbaren Ring, den sie auch beim Schwimmen nicht abnahm, einen

besonders großen Topas. Einmal, als sie dicht neben mir lag, sah ich, daß der Stein etwas Besonderes an sich hatte, einen kleinen Schatten, als ruhe tief in ihm eine winzige Perle.

Es waren glückliche Tage. Ich lebte in der mir neuen Welt der Wortlosigkeit, entdeckte, daß gemeinsame Sprache auch Gefahren in sich birgt, daß sie Distanz schaffen kann, Vertrautheit erschweren, Gegensätze sichtbar machen. Hier waren wir in Sicherheit. Kein unachtsames Wort bedrohte unser liebevolles Zusammenleben.

Sicher war ich die glücklichste von allen. Ich machte Urlaub von der gewohnten Umgebung. Vielleicht war ich sogar bei meiner Ankunft, ohne es zu wissen, «wortkrank» gewesen und erholte mich nun... Nicht nur von den großen Worten der öffentlichen Reden, die wie ein Dauerregen auf ein ganzes Volk niederprasselten, sondern auch von den endlosen Diskussionen im Kreise der Freunde, immerzu dieselben Probleme besprechend, ausnahmslos zu der Folgerung kommend, «all dies werde schlecht ausgehen». Sinnlose Debatten, bei denen ich, nach den Worten des persischen Dichters Omar Khajjam, «durch dieselbe Tür zurückkam, durch die ich eingetreten war».

Manchmal gingen wir nachts überhaupt nicht schlafen. Die Abende begannen mit einem Kraftor-Bankett, es war die Saison der Krebse, die im ganzen Land gefeiert wurde. Köge fuhr nach Mariehamn, um Proviant einzukaufen. Er brachte außer den Krebsen gehörige Mengen «Snaps», Aquavit, mit. Ich glaube, er war nicht immer leicht zu finden, die Gesetze waren schwedisch, und in Schweden war der Verkauf von alkoholischen Getränken streng kontrolliert.

Ob wir bei unseren Festessen «auch die Krebsschalen über die Schultern geworfen» hätten, weil das Glück bringe, wurde ich später oft gefragt. Nein, das hatten wir nicht. Wir waren, um glücklich zu sein, nicht auf Krebsschalen angewiesen.

Spätabends gingen wir schwimmen oder warteten einfach geduldig auf den Sonnenaufgang, richtiger: den Auftritt der Sonne, die wie auf einer Bühne erschien, langsam und mit großem Gepränge, ihr voraus eine Kolonne von Lichtstrahlen, täglich die Färbung wechselnd, zuerst verhangen, dann sich immer schärfer vom Horizont abzeichnend. Lichtstrahlen, die einen immer breiter werdenden hellen Streifen auf das Meer legten. Wir trugen dunkle Brillen, um dem Schauspiel zu folgen. Der Mond, kurz vorher noch sichtbar, war irgendwohin verschwunden, der Himmel gehörte nur noch dem neuen Sonnentag.

Die Vormittage wurden gewöhnlich verschlafen. Mittags ging es mit einem oder zwei Ruderbooten auf eine benachbarte größere Insel, wo in einem Gasthof unsere tägliche Mittagsmahlzeit auf uns wartete. Der Wirt liebte uns nicht. Wir verspäteten uns fast immer und waren auch – anders als auf

Avernaes – recht laut. Die anderen Gäste waren alle älter als wir.

Eines Tages wurde die tägliche Routine unterbrochen. Koge schlug mir vor, mit ihm zu einer der weiter gelegenen Inseln zu rudern. Wir hatten uns eine Art Hilfssprache ausgedacht, einen Cocktail aus deutschen und englischen Wörtern, niemals ganze Sätze, dazu reichte es nicht.
Es wurde eine lange Fahrt, vorbei an vielen Inseln und Inselchen, manche davon nichts als große rötlich schimmernde Felsbrocken. Ich wollte Koge beim Rudern ablösen, aber er ließ es nicht zu. Es war ein heißer Tag, Koge hatte das Hemd ausgezogen, sein glatter blonder Oberkörper schien in der Sonne zu schimmern. An das, was man Sünde nennt, dachten wir nicht. Vielleicht dachten wir auch daran und schoben den Gedanken weg.

Wie unsere Ausflugsinsel hieß, habe ich vergessen. Sie war hügelig. Wir schwammen eine Weile und lagen dann auf einer kleinen Anhöhe in der Sonne. Hinter unseren Köpfen drei übereinandergeschichtete Felsblöcke. Die Grabstätte eines Wikingerkriegers, dessen Leben vor mehreren Jahrhunderten hier zu Ende gegangen war. Unten in der Bucht lag ein einziges Boot, das unsere. Menschen hatten wir nicht getroffen, trotz einiger Wikingergräber schien die Insel keine Attraktion zu sein.
Koge hatte die Insel nicht ohne Absicht gewählt.

Er hatte die Badehose ausgezogen, aber das tat er oft. Plötzlich nahm er mich mit einer entschlossenen Geste in die Arme. Ich wehrte mich und war dabei wohl etwas unbeholfen, denn wir mußten beide lachen. Aber Koge gab sich nicht zufrieden und versuchte einen neuen Angriff, den ich diesmal mit großer Energie zurückwies. Und er verstand. In dem Szenario, nach dem wir auf unserer Insel lebten, war keine Paarungsszene vorgesehen, in unserer Partitur kein Liebesduett. Es hätte einen Mißton in unsere Harmonie gebracht. So einfach wollten wir uns nicht aus unserem Paradies vertreiben lassen.

Koge griff nach seinem Rucksack und holte einen Apfel heraus, den er mir gab, und dann einen zweiten für sich. Ich zögerte, ehe ich hineinbiß, obwohl es ein schöner rötlich-gelber Apfel war, von keinem besonderen Baum der Erkenntnis gepflückt. Wir saßen da und aßen unsere Äpfel, dazu dunkles Brot und Käse. Später lagen wir Hand in Hand und sprachen nicht. Koges Hand war kühl; glatt und kühl wie sein Körper, der sich vorhin an den meinen gepreßt hatte.

An dieser Stelle kam die Nachtschwester – wie hieß sie doch? –, um mir Tabletten zu bringen. Ich war verwirrt. Wie war es ihr gelungen, im Ålands Archipel mit seinen mehr als sechstausend Inseln die eine ausfindig zu machen, auf der ich mich befand?

Ich war nicht glücklich über die Störung. Eben noch lag ich mit Koge vor der Wikingergrabstätte in der strahlenden Sonne, an Schwester Mireille aber – so hieß sie wohl – klebte die dichte Nacht.

Schwester Mireille tupfte etwas Blut von meiner Oberlippe und gab mir ein Glas mit spezieller Flüssigkeit, den Gaumen zu spülen. Sie schmeckte bitter und gar nicht salzig wie das Meerwasser beim Schwimmen. Schließlich ging Mireille, und es dauerte eine Weile, bis ich den Weg zu der Insel mit den Wikingergräbern wiederfand.

Eines Nachmittags setzte sich Gösta ganz unerwartet neben mich, um mir aus seinem Roman vorzulesen.

Gösta war etwas älter als Koge, und sein Männerkörper hatte nichts vom knabenhaften Reiz des Jüngeren. Sein Gesicht war regelmäßig, etwas scharf geschnittene Züge, gerade Nase, großer Mund, niedrige Stirn, sehr dichtes dunkelblondes Haar. Dazu diese tintenblauen Augen, die kühl und eher distanziert dreinschauten, als genügte es ihnen, diese seltene Farbe zu haben, und als hatten sie es nicht nötig, auch noch ausdrucksvoll zu sein.

So lag ich am Strand, die Arme unter dem Kopf verschränkt und hörte aufmerksam zu.

Obwohl ich mich an das Stakkato der schwedischen Sprache schon gewöhnt hatte, fiel es mir zuerst schwer, mich zu konzentrieren, aber nach und nach nahm mich das Vorlesen gefangen. Ich lauschte einer Tonfolge, ohne zu wissen, worum es ging. Göstas Stimme war zuerst unsicher gewesen, offenbar fiel es ihm nicht leicht, neu erstandene Worte einer Fremden anzuvertrauen, auch wenn es sich um jemanden handelte, der sie nicht verstand. Hin und wieder unterbrach er sich und notierte etwas an den Rand der Seite. Ich sah Gösta erst an, als er eine Pause machte und mir einen fragenden Blick zuwarf. Ich sagte nichts, und er setzte wieder ein. Seine Stimme war leiser geworden, eine Passage seiner Erzählung, die ihm hörbar naheging. Offensichtlich ein Dialog, denn er trug seine Sätze in zwei verschiedenen Stimmlagen vor. Mitten in einem Satz brach er ab und begann langsam, die eben gelesene Seite zu zerreißen, in immer kleinere Stücke, die er in die Luft warf. Einige davon flogen bis ins Meer. Gösta sah ihnen nicht nach. Er hatte ein neues Blatt hervorgeholt und fing an, es mit seinen großen, schöngeschriebenen Buchstaben zu bedecken. Er schrieb sehr langsam. Ich dachte an das eifrige Klappern meiner Schreibmaschine in Berlin, an das Telefon, das dazwischen klingelte, und war traurig. Als Gösta wieder mit dem Vorlesen begann, hatte die silbrige Dämmerung schon eingesetzt.

Gösta las nun schneller. Seine Stimme klang

entspannt, beinahe fröhlich. Die Personen seines Romans wußten nun offenbar genau, wohin es ging.

Das Vorlesen dauerte lange, Gösta schien mit dem Text zufrieden zu sein. Er hatte zuletzt nur ein paar Male die Lektüre unterbrochen und mit dem Stift einen kurzen Vermerk gekritzelt. Die gelesenen Blätter wurden sorgfältig in den Sand gelegt und mit einem am Strand aufgehobenen Kieselstein beschwert.

Ehe er ging, dankte Gösta für das Zuhören, ich verstand die wenigen Worte. Ich blieb am Strand liegen und schaute in den Himmel. Zur Zeit der hellen Nächte gab es immer Überraschungen, die Wölkchen da oben wechselten manchmal von einer Stunde zur anderen die Farbe und glitten in kupferne Schattierungen über.

Von diesem Tage an wurde das Vorlesen zu einer Gewohnheit. Gegen Ende des Nachmittags setzte sich Gösta an meine Seite und begann mit der Lektüre. Das Manuskript, das neben ihm, mit einem Kieselstein beschwert, im Sand lag, wuchs täglich an.

Ich muß ein gutes Publikum gewesen sein. Nie ein Wort der Kritik. Keine Anregung, wie manches besser ausgedrückt werden könnte. Nie ein erstaunter Blick, nie eine skeptische Kopfbewegung.

Es war ein Abend gewesen wie alle anderen. Bis zu dem Augenblick, in dem Koge, der sich mit der Ziehharmonika zu einem Lied begleitete, in Lachen ausbrach. Gösta stimmte mit ein. Auch Ingeborg. Ich saß da und versuchte vergeblich mitzuhalten.

An diesem Abend gingen die anderen früher zu Bett als ich. Ich holte mir eine Decke, legte mich an den Strand und sah in den verhangenen Himmel. Ein sonderbares, Energie verströmendes Halbdunkel, in dem die Gedanken sich klarer abzeichnen als am hellichten Tage.

Das Lachen vorhin hatte geschmerzt, und ich begriff langsam, warum. Dort, wo ich lebte und arbeitete, wurde wenig gelacht, es ging alles eher feierlich zu. Auch waren viele Menschen vorsichtig geworden, es war wichtig, über die richtigen Dinge zu lachen und nicht über die falschen; nicht unbekümmert in jede Heiterkeit einzustimmen. Sogar die ganz Jungen, denen man sonnabends begegnete, wenn sie durch die Wälder der Umgebung wanderten, sahen manchmal ernst und entschlossen drein, sie sangen im Chor, marschierten wie kleine Männer und brachen selten in Gelächter aus, wie vorhin die anderen, die sich benahmen, als seien sie große Kinder.

In Berlin war ein neues Zeitalter angebrochen. Was sollte ich eigentlich dort?

Es heißt, daß die hellen Nächte des Nordens einem den Kopf verdrehen und die Gedanken verwirren. Ich machte einen unsinnigen Plan nach dem anderen. Alle liefen darauf hinaus, daß ich nicht nach Berlin zurückkehren würde. Ich wollte einen Roman schreiben, so wie Gösta Blatt auf Blatt legen und mit einem Kieselstein beschweren. Aber weder in Berlin noch in Paris gab es solche Kieselsteine wie hier. Dazu gehörte eben ein Strand, das Meer und vor allem eine Insel.

Aber die Avernaes-Herberge schloß schon im frühen Herbst ihre Pforten und öffnete sie erst wieder im Spätfrühling.

Also schob ich die Roman-Idee beiseite, zog den Bademantel aus und schwamm der Sonne, die bald aufgehen würde, ein paar hundert Meter entgegen. Dann kehrte ich um, legte die Decke an ihren Platz zurück und ging in mein Zimmer.

In dieser Nacht träumte ich von Gösta. Ich lag im Bett, die blauen Augen waren über mir, kamen näher und immer näher. Und auch Göstas Mund und Göstas Körper. Ich wehrte mich nicht, aber ich wachte noch rechtzeitig auf. Erstaunt, denn ich hatte einen solchen Traum nicht erwartet.

Als Gösta mir am späten Nachmittag vorlas, sah ich ihn von der Seite an. Ich war befangen, aber Göstas Blicke beruhigten mich: Er wußte nichts von meinem Traum.

Wenige Tage später brachte Koge aus Mariehamn eine schwedische Zeitung mit und versuchte, eine Meldung zu übersetzen, in großer Aufmachung auf der ersten Seite erschienen. Es ging um Berlin.

Koge bemühte sich sehr, erzählte auch etwas von «Männern mit eisernen Hüten». Es mußte sich um Stahlhelme handeln, wie die Wehrmacht sie trug. Möglicherweise etwas über die spektakuläre deutsche Aufrüstung. Ich nahm ihm die Zeitung aus der Hand. «Lassen wir das», sagte ich, «die Männer mit den eisernen Hüten können ganz gut ohne mich auskommen.»

Aber als Herr Stilling mit der abendlichen Post kam, bat ich ihn, mich und mein Gepäck am nächsten Morgen abzuholen.

Wir standen am Strand und warteten auf das Motorboot, das mich nach Mariehamn bringen sollte, erste Etappe der langen Rückreise nach Berlin.

Warten und Abschiednehmen unter freiem Himmel waren neu für mich. Zum Abschied, meinte ich, gehörte eine Bahnhofshalle – Flugreisen waren noch selten – mit hohem Glasdach und ein langer Bahnsteig, auf dem man auf und ab gehen, Zeitschriften, vielleicht auch Kekse kaufen und manchmal einen diskreten Blick auf die große Uhr werfen konnte.

Koge, der mich bis Mariehamn begleiten wollte – er mußte schließlich darauf verzichten, es gab für diesen Tag keine Rückfahrt mehr auf die Insel –, hatte sich für den Anlaß «schön» gemacht, trug verbeulte Hosen und ausgetretene Sandalen. Sein Oberhemd war zerfranst, und er hatte die schlechte Idee gehabt, auch noch eine Krawatte umzubinden, die eine Menge über des Trägers mangelnden Sinn für Eleganz verriet. Natürlich schämte ich mich meiner Kritik, aber es half nichts. Der unbekleidete Apoll von gestern sah heute aus wie irgendein schlecht angezogener junger Mann, an dem man auf der Straße vorbeigeht, ohne ihn zu beachten.

Ingeborg schenkte mir zum Abschied ein Halstuch, das den Namen eines bekannten Pariser Couturiers trug, und wünschte mir, in beinahe akzentfreiem Französisch, bon voyage und viel Erfolg im Beruf. Sie hatte meinen Wunsch nach Wortlosigkeit respektiert und mitgespielt, obwohl sie auch viel besser Englisch sprach, als sie während dieser Tage hatte erkennen lassen.

Marja, die Finnin, küßte mich zum Abschied und zerdrückte ein Tränchen. Sie sah anders aus als sonst, sie hatte sich heute morgen die Haare gewaschen, die nun in dichten blonden Wellen bis unter die Knie fielen und das Gesicht mit den stark hervorstehenden Backenknochen umrahmten. Es schien schmaler als sonst und auch zarter, eine unvermutete Loreley.

Gösta war nicht da. Mit einem der Ruderboote unterwegs, erklärte mir Ingeborg, die ihn sehr früh morgens getroffen hatte. Er hätte dasein müssen.

Die Rückfahrt mit Herrn Stillings Motorboot ging schneller als die Herfahrt. Nur einige Sekunden lang sah ich die drei noch am Strand stehen, unbeweglich, dann war Avernaes verschwunden.

Die große Reisetasche, in der ich allerhand Dinge mitführte, die man auf einer langen Reise braucht, Taschentücher, Eau de Cologne, eine Tafel Schokolade, öffnete ich erst auf dem Wege von Stockholm nach Berlin. Ich fand ein sorgfältig zusammengefaltetes Blatt, und ich erkannte sofort die großen, schön geschriebenen Buchstaben, die Gösta so kunstvoll zu Papier brachte. Der Brief war in schwedischer Sprache, aber die drei Worte, die ihn abschlossen, verstand ich. Auch im übrigen Text – das Blatt war auf beiden Seiten beschrieben – war von Liebe die Rede.

Zuerst wollte ich den Brief in Berlin übersetzen lassen. Aber die Reise war lang, ich dachte viel an Göstas tintenblaue Augen und an seine Vorlesestimme. Ich war sehr glücklich über den Brief, so wie er geschrieben war, ich wollte keine übersetzten fremden Worte.

Langsam zerriß ich das Blatt in viele kleine Stücke, wie ich es bei Gösta so oft gesehen hatte, öffnete das Fenster und ließ sie hinausflattern. Wir waren kurz vor der Grenze nach Deutschland.

Beim Abschied von Avernaes war ich nicht traurig gewesen. Ich würde die kleine Insel einmal wiedersehen, das wußte ich. Und nun war sie tatsächlich in mein Krankenzimmer eingedrungen und hatte mir die Helligkeit der weißen Nächte des Nordens zurückgebracht. Zusammen mit der Erinnerung an ein vergessen geglaubtes schwedisches Sprichwort:

«Wen Gott retten will, für den holt er eine Insel aus dem Meer.» Vielleicht gar kein Sprichwort, sondern ein Satz aus einem schwedischen Roman, den ich einmal gelesen habe.

Berlin war, wie immer in diesen Tagen, hektisch. Zunächst mußte ich mich erst wieder daran gewöhnen, daß es in jedem Raum Lichtschalter gab. Die Nächte in Berlin waren nicht hell, und auch die Tage waren manchmal dunkel und verhangen. Man wußte, daß es großen Zeiten entgegenging, die ersten nächtlichen Verdunkelungsübungen erinnerten daran.

Ich fand auch die Freunde wieder und die endlosen Debatten. Manchmal erzählte ich von der Insel im Norden. Keiner von uns ahnte, daß kaum zehn Jahre später dieses Berlin, in das ich zurückgekehrt war, zu einer Insel werden sollte, mitten im roten Meer der russischen Besatzung. Die Bewohner würden sich, soweit sie Galgenhumor hatten, «Insulaner» nennen, und es würde für die Stadt nicht leicht sein, aus den Trümmern wieder aufzuerstehen, Hinterlassenschaft zahlloser Kriegsnächte, die nicht weiß gewesen waren, sondern flammend rot.

Mireille kam ins Zimmer. Ein Arzt begleitete sie. Er untersuchte mich, studierte das Blatt, das auf dem Tisch lag und meinen Zustand beschrieb, besprach einiges mit der Krankenschwester.

Als sie gingen, machten sie das Licht aus, aber meine Augen schmerzten noch lange.

Der helle Streifen rechts an der Wand war breiter geworden, so als wolle eine von draußen kommende Helligkeit sich einen Weg durch die Wand suchen. Ich kümmerte mich nicht darum, ich wollte weiter Geschichten erzählen, es war schwerer, als ich gedacht hatte. Geschriebenes wird immer wieder korrigiert, das einmal gesprochene Wort aber kann nicht zurückgenommen werden.

Im Zimmer war es sehr still geworden, stiller noch als zuvor. Ich war froh darüber. Die Reise in eine andere Zeit war beschwerlich gewesen, ich war außer Atem geraten. Vielleicht bedrückten mich auch die Geschichten, die ich mir erzählen wollte, um nicht einzuschlafen. Erinnerungen an schlaflose, durchwachte Nächte, heitere und traurige, freundliche und angstvolle, auch kostbare Nächte, unvergeßliche Nuits Blanches, Beginn oder Ende der vielen kleinen und großen Romane, die ein Leben ausmachen. Aber ich war müde, und sie würden unerzählt bleiben.

«Kannst du nicht wenigstens *mich* erzählen», ließ

sich ein blasses Stimmchen vernehmen. «Um Mitternacht war ich doch noch die nächste auf deiner Liste.» Um Mitternacht? Das war vor einer ganzen Stunde. Schwester Mireille hatte mir vorhin die Uhrzeit gesagt.

Ich mußte antworten. Das war ich der Geschichte schuldig. «Ich würde dich gerne ausführlich erzählen», sagte ich, «aber ich kann es nicht. Du mußt wissen, daß ich krank bin, sehr krank sogar. Wer bist du überhaupt? Oder hatte ich dir noch keinen Titel gegeben?»

«Doch, doch. Der Untergang der ‹Hermes›.»

Die «Hermes» war kein Schlachtschiff, sondern die kleine graue Reiseschreibmaschine, die mir von Berlin nach Paris und dann nach London gefolgt war und unter deren Tasten Millionen von verblichenen Wörtern schlummerten, die ich darauf geschrieben hatte. Ich hätte gern ausführlich ihren Untergang geschildert, in der Nacht, als amerikanische und englische Truppen zum Sturm auf die von den Deutschen besetzte Festung Europa ansetzten; gerne davon erzählt, wie ich in London, einige Tage vor dieser, der entscheidenden Nacht, die kleine «Hermes» meinem Freund André anvertraute, dem einzigen Franzosen, der, allerdings in der Uniform eines amerikanischen Kriegsberichterstatters, an dem Beginn der Operation teilnehmen sollte; wie das Panzerboot, auf dem André mit einem alliierten Marinekommando war, unversehrt französischen Boden erreichte, die gepanzerte Barke aber, auf der das Material für das Kommando reiste, um acht Uhr morgens, also drei Stunden nach Beginn des Angriffs, knapp vor der Küste von einem Torpedo getroffen wurde; wie alles Material im Meer versank und es keine Überlebenden gab, weder unter den Soldaten noch dem Material; wie ich, durch den Zufall des Berufes zu den wenigen gehörend, die wußten, daß dies die Nacht der Entscheidung war, bis zum Morgen wach blieb, bis endlich eine Sondermeldung des Rundfunks die gelungene Landung der Truppen bekannt gab; wie ich erst achtundvierzig Stunden später Andrés Stimme im Radio hörte, die von der Landung der Truppen sprach, aber auch davon, daß er alles, was er bei sich gehabt hatte, verloren habe; wie ich noch viele Monate später an die «Hermes» dachte, die in meiner Vorstellung nicht sogleich unterging, sondern noch lange, lange, von den Wellen getragen, unter der Wasserfläche trieb, inmitten von allerlei Dingen, an die sie nicht gewöhnt war, Maschinengewehre, Torpedos, in Brand geratene und verkohlte Rettungsboote, Kriegsmaterial jeder Art, dazwischen immer wieder Knäuel von leblosen Körpern in amerikanischer, britischer, australischer oder kanadischer Uniform; wie die kleine Schreibmaschine, einen meilenlangen Streifen hinter sich herziehend – alle Wörter, die ihre Tasten geschrieben hatten –, sich schließ lich auf den Meeresgrund fallen ließ, während oben die Schlacht weiterging und tausend Flugzeuge ihre Last von Fallschirmjägern an Frankreichs Küsten landen ließen. Dabei hatte sie doch den Kanal so erfolgreich überquert. Und war der Küste so nahe gewesen.

Das alles wäre nur die halbe Geschichte. Denn André, dem ich die kleine «Hermes» für diese historische Expedition geliehen hatte, weil sie weniger wog als seine eigene Schreibmaschine, André war der Mann, in dessen Armen ich die meisten Londoner Bombennächte verbrachte, fest davon überzeugt, eine Liebe zu erleben, wie ich sie vorher noch nie gekannt hatte. In Wahrheit vielleicht nur vor der großen Angst flüchtend und zu der Erkenntnis kommend, daß Liebende sich für unsterblich halten können, und sei es auch nur für kurze Zeit. Ohne jede Hemmung konnten wir unsere Leidenschaft in immer neue Worte kleiden, sie gingen alle im Lärm der Bomben und der Flakgeschütze unter. Dann wurden die Bombennächte immer seltener, bis es schließlich ganz still war und auch die Flakgeschütze weggeschafft wurden. Der Krieg ging zu Ende. Die Nächte mit André gab es nicht mehr, es war das gewesen, was man, glaube ich, eine Kriegsliebe nennt.

Die Kranke war mit einemmal hellwach und knipste das Licht an. Das Bild von der kleinen grauen «Hermes», die knapp vor Frankreichs Küste unterging, ließ sie nicht los. Das unerreichte Ziel... der Traum, der nie ganz zur Wirklichkeit wird...

Und das begonnene Manuskript eines Buches, das bei ihr daheim auf dem Schreibtisch lag. Deutschland-Erinnerungen, «Mémoires de la Nuit des Temps» sollten sie heißen. Den Entschluß, so spät in ihrem Leben Erinnerungen an die Vorkriegszeit aufzuschreiben, hatte sie gefaßt, nachdem sie den Debatten namhafter junger Historiker beigewohnt hatte, die über Probleme aus dieser «grauen Vorzeit» diskutierten. Natürlich wußten sie eine Menge, hatten Dokumente studiert, bisher unbekannte Zusammenhänge aufgedeckt, konnten Vergleiche mit neueren Begebenheiten ziehen. Sie verfügten vor allem über eindrucksvolle Statistiken, in denen es um Millionen Menschen ging, endlose Zahlenreihen, die ihr oft wie dichte schwarze Vorhänge erschienen, die auch die Gesichter derer verbargen, die sie gekannt hatte, und hinter denen man nichts mehr wahrnehmen konnte, nicht das Leid und nicht die Tränen. Die jungen Historiker aber kannten die Endzahlen und kamen zu immer neuen Schlußfolgerungen.

Sie war den Debatten aufmerksam gefolgt, hatte die neuen Forschungsergebnisse gewissenhaft notiert.

«All das ist richtig», hatte sie gedacht, «nur ist in Wirklichkeit alles ganz anders gewesen. Ich war dabei.»

Würde die Kranke je wieder dabeisein? Seit wie vielen Jahren war ihr Leben nicht viel anderes gewesen als der schwere Kampf, dem Universum der «Leute von gestern» fernzubleiben? Der Beruf hatte ihr dabei geholfen. Das Material, mit dem sie umging, war das Zeitgeschehen. Wollte sie, wie ihr Beruf es verlangte, die Aufmerksamkeit der anderen auf das Wesentliche lenken, mußte sie selber diesem Wesentlichen auf der Spur bleiben, Tag um Tag, Stunde um Stunde. Sie durfte nichts aus den Augen lassen, und es mochte sein, daß sie dabei sich selber aus den Augen verloren hatte. Es war eine faszinierende Tätigkeit gewesen, die Energie forderte, Disziplin und Hingabe, die Neugier blieb jung, und sie hatte dem Ablauf der Jahre keine Beachtung geschenkt, nur den Geschehnissen, nur dem immer neu zu Entdeckenden.

Nun hatten, mit einem Schlage, die Jahre sie eingeholt, sie entpersönlicht, zum kranken Körper gemacht. Was darüber auszusagen war, konnte man dem Krankenblatt entnehmen, das dort auf dem Tischchen lag, beschrieben mit ein paar dürren Angaben. Sie hatte das Gefühl, unbekleidet zu sein, nackt dazuliegen, jedem ausgeliefert, der das Zimmer betrat und einen raschen Blick zuerst auf den Zettel, dann auf sie warf. So der nicht mehr ganz junge Arzt, der etwas länger bei den aufgeschriebenen Daten verweilte und dann an ihr Bett trat. «Merkwürdig», sagte er, «Sie sind fast so alt wie meine Mutter. Ich hätte Sie für jünger gehalten.» Die Kranke kannte die Mutter des Arztes nicht, sie wußte nicht, wie diese Frau ihr Leben verbracht hatte. Sie selbst hatte früh erfahren, daß sie niemals ein Kind würde zur Welt bringen können. Sie hatte keinen anderen Besitz als ihren Beruf und die Erinnerungen und Bilder, die sorgsam in ihrem Kopf gelagert waren, Schicht um Schicht. Sie wünschte, der Arzt hätte nicht von seiner Mutter gesprochen.

Schwester Mireille kam. Sie holte ein Thermometer aus der Tasche ihres weiten Kittels und drückte es an mein Handgelenk. Ein Wunderthermometer, das in wenigen Sekunden die Temperatur angibt. «Kein Fieber.» Ich wußte es besser, nur: es war ein Fieber, das zu tief saß, als daß es ein Thermometer, und sei es auch das modernste, messen konnte.

«Sie lächeln», sagte die stets aufmerksame kleine Krankenschwester. «Jetzt denken Sie sicher an freundliche Dinge.»

Nein, ich lächelte über ihre Ahnungslosigkeit. In Wirklichkeit lag ich gar nicht mehr hier in diesem Pariser Krankenhausbett, sondern war weit weg in einer anderen Stadt. Auch war es nicht «jetzt», wie Mireille sagte, denn meine Berliner Nuit Blanche lag viele Monate zurück. Eine dunkle Nacht, die einem schmerzlichen Tag gefolgt war.

Es war mein letzter Besuch in Berlin gewesen nach vielen Reisen in diese Stadt, die immer fremder wurde. Berlin war tatsächlich wie eine Insel geworden, die man besser mit dem Flugzeug erreichte, auf streng vorgeschriebenen Luftwegen. Früher hatte Berlin etwas Atemloses an sich gehabt, und die Besucher hatten oft darüber gestaunt, wie wenig in Berlin geschlafen wurde: «Die Augen, die in Paris oder London vor Müdigkeit längst zugefallen wären», schrieb ein englischer Autor, «sind in Berlin hellwach und selbst um 5 Uhr morgens auf der Suche nach einem neuen Erlebnis oder einer neuen Idee...»

Ich war den ganzen Tag kreuz und quer durch die Stadt gewandert. Erst gegen Abend entschloß ich mich, zusammen mit einem Berliner Kollegen, die Trümmerberge der Stadt zu sehen, eine trotz meiner vielen Berlin-Reisen nie unternommene Expedition. Ich hatte keine Lust, auf den Trümmern einer Stadt spazierenzugehen, die ich einmal geliebt habe, auch wenn über den Schutt, der hier zusammengefegt war, inzwischen viel und üppiges Gras gewachsen ist, wenn Kinder im Winter hier rodeln oder sogar Ski fahren können und die amerikanischen Besatzungsbehörden auf dem höchsten der fünf Trümmerberge eine wichtige Radaranlage gebaut haben. Es kam noch etwas anderes hinzu. Nie konnte ich an die Trümmerberge denken, ohne mich auch an einen Kaffeekocher und ein bestimmtes schön gerahmtes Bild zu erinnern, die mir einmal viel bedeuteten und die ich in einem der fünf Hügel vermutete.

Das Bild, von dem ich schon erzählt habe, stellte das stolze schwedische Segelschiff «L'Avenir» dar, das in meinem Berliner Arbeitszimmer einen Ehrenplatz hatte; der Kaffeekocher war eine original italienische Espresso-Maschine, für genau zwei Tassen Kaffee. Beides hatte ich seinerzeit in Berlin zurückgelassen, als ich die Stadt etwa ein Jahr vor Kriegsbeginn verließ. «L'Avenir» heißt «die Zukunft», ich war böse auf die Zukunft und hatte so unrecht nicht, allerdings würde sie noch viel schwärzer sein, als ich es mir vorstellte. Der Kaffeekocher aber erinnerte mich an viele Stunden, die ich von nun an vergessen mußte.

War die kleine Mireille, während ich kreuz und quer durch die Straßen Berlins wanderte, hier an meinem Bett sitzen geblieben, oder war sie gegangen und wiedergekommen? Ihre Anwesenheit rief mich in die Gegenwart zurück. Ich war nicht in Berlin. Aber die Nacht, von der ich mir erzählen wollte, hatte es wirklich gegeben; vor einigen Wochen oder einigen Monaten, die Zeiten waren etwas durcheinandergeraten.

Ich schlief nicht, war aber auch nicht hellwach, bis zu dem Augenblick, in dem der Lärm der Stiefel das

Dunkel der Nacht in Fetzen riß. Ein Trapptrapptrapp, als marschierten Hunderte von gestiefelten Beinen. Ich wollte die kleine Stehlampe auf dem Nachttisch erreichen, aber mein linker Arm traf auf eine unbekannte Wand. Ich war also nicht daheim.

Draußen ging das Hämmern der Stiefel weiter. Schließlich schaffte ich es, diesmal rechts von mir, ein Licht anzumachen und auf dem Reisewecker die Zeit abzulesen. Der Wecker war nicht da. Auf dem Nachttisch lag ein Rezeptformular, auf dem die Zahl 39,7 stand. Das beruhigte mich zunächst, und ich löschte das Licht wieder. Langsam kamen mir Zweifel, die Uhrzeit 39,7 gibt es nicht, das konnte nur eine Körpertemperatur sein. Die Zahl mußte der Arzt geschrieben haben, der gegenüber dem Berliner Hotel Kempinski seine Sprechstunde hat und der spätabends bei mir gewesen war. «Auf keinen Fall morgen früh das Flugzeug nehmen», hatte er gesagt, ehe er ging.

Das Trapptrapptrapp der Stiefel hielt an. Keine deutschen Stiefel, oder richtiger ausgedrückt: keine Stiefel aus deutscher Vergangenheit. Vielleicht waren die Russen in Berlin einmarschiert. Ich lauschte aufmerksam. Dem Rhythmus konnte ich nichts entnehmen, ich kenne nur den Paradeschritt sowjetischer Ehrenkompanien, immer eine kleine Pause, ehe das fast waagerecht ausgestreckte Bein zum Boden zurückkehrt. Wie es klingt, wenn Russen irgendwo einziehen, wußte ich nicht.

Ich wies mich zurecht: was für ein Unsinn, an russische Truppen zu denken. Das war früher einmal, zu einer Zeit, als man vom «Kalten Krieg» sprach. Das war vorbei. Überdies: hatten sich die Russen nicht selber im Herzen der Stadt ein mächtiges Hindernis hingestellt? Es sei denn, sie hätten ihre Soldaten Mann für Mann durch die wenigen Übergänge geschleust, die es seit dem Bau der Berliner Mauer gab. Und schließlich: handelte es sich um Russen, wäre der Himmel über Berlin längst von amerikanischen Flugzeugen besetzt. Oder war das nicht mehr so sicher? Ich war stolz darauf, trotz des Fiebers so logisch denken zu können.

Vorhin hatte ich auf dem Nachttisch ein großes, mit einer weißlichen Flüssigkeit gefülltes Glas gesehen. Sicher ein Medikament, das der Arzt verordnet hatte. Ich trank das Glas leer.

Das Hämmern auf dem Pflaster hat aufgehört, aber das Fieber ist noch immer da. «Von Fieber geschüttelt», heißt es manchmal. Nun, ich bin von Fieber geschüttelt. Ich habe Mühe, den Morgenrock anzuziehen und, vor dem Spiegel sitzend, meine Haare zurechtzubürsten. Dann stehe ich auf, drehe mich vom Spiegel weg und der Tür zu, bereit, mich der neuen Situation zu stellen. Denn in diesem Hotelzimmer bin ich nicht mehr allein. Ich bin auch nicht *in* Berlin. Zum erstenmal bin ich *mit* Berlin hier. Ich hole tief Atem.

Ich habe Berlin geliebt, das war kein Geheimnis;

und Berlin hat mich verraten. Noch einmal versuche ich tief einzuatmen, um mich zu beruhigen. Es ist umsonst, und ich spreche als erste, ohne abzuwarten. Die Worte überstürzen sich, so daß ich Mühe habe, ihnen zu folgen. Ich sage all das, was ich seit so langer Zeit sagen wollte. Es kommt alles dran: der Verrat, das schnelle Vergessen, die Demütigungen. Der Aufstieg. Der Triumph und die Niederlage. «Du hattest das Glück, Berlin zu sein, das bedeutete doch immerhin etwas. Zugegeben, du hattest nicht so viel Tradition wie andere. Es fand sich immer jemand, der dich als ‹neureich› und ‹Parvenu› beschimpfte oder auch meinte, du ‹kämest nicht aus einem so guten Stall› wie Rom oder Paris. Aber dir ging es ja gar nicht um Tradition, und das war deine Stärke. Du warst mitten in Europa so etwas wie eine ‹Neue Welt›, nach der man strebte, um sich zu entfalten. Vor allem die Jungen. Deine eigene Jugend und die aus anderen Ländern. Mit weit ausgebreiteten Armen hast du sie empfangen und ihr mehr und mehr geboten. Du konntest von nichts genug bekommen und deine Anhänger auch nicht. Was hast du nicht alles hingestellt: Immer neue Bauten und Avantgarde-Filme, immer neue Ideen und neue Talente; immer mehr Europa und dazu noch Marlene, immer einfallsreicheres Theater und literarische Salons, neue Zeitschriften, manche in vielerlei Sprachen... und auch immer mehr verstohlene kleine Nachtlokale, deren Adresse man kennen mußte, um das, wovon man träumte, sozusagen maßgeschneidert zu bekommen. Dekadenz? Eben nicht. Denn es war oft so, als hättest du vieles neu erfunden, als wäre es ein Anfang und keineswegs ein miserables Ende.

Und dann hast du dich verändert. Von einem Tag zum anderen. Widersprich mir bitte nicht. Wie ich so etwas behaupten kann? Ganz einfach. Ich war dabei.

Ich erinnere mich sehr genau an den Tag, an dem du uns im Stich gelassen und dir ein anderes Lager gewählt hast. Ich stand Unter den Linden – wie romantisch – in der Halle eines historischen Hotels, des Adlon. Wir waren eine kleine Gruppe Trauernder (verzeih, aber mir fällt kein anderer Ausdruck ein), hinter mir sagte eine Stimme: ‹Berlin wird uns fehlen.› Ein französischer Schriftsteller, der junge Star einer neuen literarischen Bewegung, regelmäßiger Gast bei dir. Es waren vorausahnende Worte, und er schien sie nicht nur in seinem Namen, sondern für uns alle zu sprechen, die wir mit dir gerechnet hatten.

‹Wenn man jung ist, stehen alle Türen offen.› Du warst jung gewesen, und durch die geöffnete Tür strömte Europa herein. Nun wurden die Türen zugeschlagen, an einem einzigen Tag.

Du aber, schon an diesem ersten Abend, hattest dich aus der Gemeinschaft gelöst und mit Musikbegleitung und im flammenden Schein der Fackeln deinen eigenen Weg eingeschlagen: Um den Himmel zu erstürmen? Die Welt zu erobern?»

Tiefes Schweigen im Raum. Feindseliges Schweigen?

«Nein, du irrst, ich klage nicht an. Ich will nur eines: daß du mir endlich erklärst, warum das alles so sein mußte. Wie konntest du es zulassen, daß dir Millionen Stiefel über dein Pflaster liefen? Du warst willig und mehr als das, und die Luft war erfüllt von dem lustvollen Jauchzen aus Millionen Kehlen.»

Das Schweigen hält an.

«Ich hatte dich bewundert, bin stolz darauf gewesen, dich so gut zu kennen und von dir sprechen zu können, wann immer sich die Gelegenheit bot. Und nun schämte ich mich und schwieg, wenn der eine oder andere ironisch zu mir sagte: Das also ist *dein* Berlin. Ja, ich war unglücklich. Deine Freunde trösteten mich: Du mußt Geduld haben, das kann nicht lange dauern. Das geht wieder vorbei. Früher hatte ich oft auf sie gehört, sie waren erfahrener als ich. Aber irgend etwas sagte mir: das geht so schnell nicht vorbei. Das sitzt tiefer. Sonst wärst du doch nicht so glücklich gewesen. Sonst hättest du dich doch nicht so schnell angepaßt. Nicht geduldet, daß von nun an Krethi und Plethi, in braunen oder schwarzen Uniformen paradierend, die großen und mächtigen Herren spielten. Es waren Leute darunter, mit denen du in vergangenen Zeiten niemals verkehrt hättest. Auch die unschönen Fahnen mit dem gebrochenen Kreuz darauf hättest du nicht geduldet und nicht die Spruchbänder, die manches öffentliche Gebäude noch zusätzlich verunstalteten.»

Ich warte auf Widerspruch. Vergebens.

«Du warst noch jung, zugegeben, hattest es auch nicht leicht, im Gegenteil, aber man läßt sich doch deshalb nicht von jedem Dahergelaufenen...»

Ich beende den Satz nicht. So durften wir nicht miteinander reden, ich mußte dem Gespräch eine andere Wendung geben. Einlenken.

«Du hast recht. Es liegt alles zu weit zurück. Aber es gibt Erinnerungen, die man so leicht nicht los wird, und Bilder, die im Gedächtnis haften bleiben.

Du willst wissen, was ich überhaupt mit alldem zu schaffen hatte? Tu doch nicht so, als wüßtest du das nicht. Es gibt hier in diesem Hotel eine Menge Zimmer, du bist heute nacht nicht durch Zufall in das meine geraten. Du wußtest genau, wer ich bin und daß ich damals nicht zu meinem Vergnügen hier war und über alles berichten mußte. Das war mein Beruf, auch wenn er mir durch Zufall zugefallen ist.»

Es folgt eine längere Pause, diesmal bin ich es, die ihren Gedanken nachhängt. Ich habe von Zufall gesprochen. Meine Gedanken schweifen ab. Sie landen schließlich beim «Dialog der Karmeliterinnen» und bei Schwester Constance, der Georges Bernanos die Frage in den Mund legt, «ob das, was wir Zufall nennen, nicht vielleicht Gottes Logik ist?».

«Ich hätte nach dir gerufen? Nein. Ich habe nicht nach dir gerufen. Wie hätte ich das tun sollen? Hier im Hotel, zu später Nachtstunde? Aber eines stimmt: ich habe dich oft herbeigesehnt. Wir sind trotz allem niemals Fremde geworden. Oder hast du wirklich alles vergessen?»

Keiner von uns sagt ein Wort, das Schweigen hält an. Bis mir einfällt, daß ich hier die Hausfrau zu spielen habe, die dafür sorgt, daß das Gespräch in Gang bleibt. Und so erzähle ich die erste Geschichte, die mir einfällt:

«Vielleicht erinnerst du dich auch an den Sketch, der in einem kleinen Theater gespielt wurde, ganz am anderen Ende vom Kurfürstendamm. Die Bühne stellte ein elegantes Gartenlokal dar, das sehe ich noch vor mir.

Das Lokal ist leer bis auf eine Dame, die allein an einem der Tische sitzt. Eine schöne, aber unglückliche Frau. Woher wir wußten, daß sie nicht glücklich war, habe ich vergessen, vielleicht hat sie es in einem Monolog gleich zu Beginn erzählt. Das Leben hat sie enttäuscht, ein geliebter Mann hat sie verlassen, aber sie träumt weiter von Glück, sie hofft auf ein Wunder. Von ferne hört man Musik, und da sitzt auch schon ein Fremder mit am Tisch, ein gut, wenn auch etwas bohemehaft gekleideter Herr, er sieht aus wie ein Schriftsteller oder wie ein Schauspieler. Er ist gewandt, selbstsicher, auch der Dame gegenüber, die nun kein Wort mehr spricht und nur noch zuhört. Der fremde Herr scheint viel von ihr zu wissen. Er versteht sie. Er weiß, daß ihr oft übel mitgespielt wurde. Das soll nun anders werden. Mit einem Mann wie ihm an ihrer Seite würde ihr nichts

Böses mehr widerfahren. Man merkt, daß die unglückliche Dame nun nicht mehr unglücklich ist, sie trinkt die Worte des Mannes, sie kann nicht genug davon bekommen. Sie hat lange gewartet, aber nun ist *er* da, der all das sagt, was sie hören will. Sie hat den breitrandigen Hut abgenommen, den sie trug, erscheint jünger als zu Beginn, aus ihrem sorgfältig frisierten blonden Haar hat sich eine Strähne gelöst und fällt ihr über die Schulter. Sie weiß, von nun ab wird sie die Schönste sein, die Stolzeste von allen.

Die Dame hat sich in ihrem Gartensessel zurückgelehnt, sie sieht nur noch den Fremden an ihrem Tisch, sonst nichts um sie herum. Dann der Lärm eines Motors, zwei weißgekleidete Männer betreten die Bühne, fassen ihn rechts und links an den Armen und reden ihm freundschaftlich zu. Er hätte nicht davonlaufen sollen, man meine es gut mit ihm, das wisse er doch. Er läßt sich abführen, ohne seiner Partnerin einen Blick zuzuwerfen. Die Dame bleibt zurück, sie hat ein Wunder erhofft, aber nun ist sie wieder unglücklich, unglücklicher vielleicht noch als zuvor. Man denke: der Mann war ein Irrer! Und hatte doch so schöne Reden gehalten...»

Ich brach ab. Was hatte ich da bloß erzählt? Ich beeilte mich zu erklären: «Du mußt wissen, daß dies ‹vorher› gespielt wurde. Ehe noch so viele Menschen an ein Wunder glaubten und dann enttäuscht wurden. Der Sketch war von einem damals vielgespielten Autor, er wollte zeigen, daß manche Frauen voller Romantik sind und daß nur ein Mann, der selber in einer anderen Welt lebt, ihre Träume erfüllen kann.

Wie meinst du? Daß es kein purer Zufall ist, daß mir gerade dieser Sketch eingefallen ist? Wie ungerecht! Man sucht sich seine Erinnerungen doch nicht immer selber aus.»

Zu spät. Ich hatte nicht anklagen wollen, und nun hatte, was ich erzählte, doch so geklungen. Nun konnte ich nicht mehr zurück.

«Hast du wirklich all das geglaubt, was man dir erzählt und versprochen hat? Daß du bald größer und mächtiger sein würdest als die Nachbarn, daß diese Nachbarn voller Neid und Eifersucht auf dich blickten, weil es dir gegeben war, eine so wundersame neue Liebe zu erleben? Du hättest doch merken müssen, daß ‹die da oben› kein reines Gewissen hatten. Denk nur an die Olympischen Spiele und wie man dich eigens dafür zurechtgemacht und geschminkt hat. Hier ein Plakat weg, dort ein paar Spruchbänder mit hetzerischen Parolen an die Adresse der politischen Gegner, keine Zeitungskästen mehr mit Karikaturen der Unterlegenen und der Verfolgten. Die häßlichen Fahnen waren geblieben, aber weniger sichtbar inmitten der Farben anderer Länder, zu Ehren der zahlreichen fremden Besucher.

Nun wirst du sagen, die anderen seien auch nicht ohne Schuld. Sie hätten getrauert, als du so schnell und so radikal fremdgingst, und seien dann doch scharenweise zu den Spielen gekommen. Wir hätten fernbleiben sollen, um zu demonstrieren, daß wir mit der neuen Liebschaft nicht einverstanden waren. Mag sein. Aber meinst du nicht, daß es vor allem *deine* Sache gewesen wäre...»

Wieder unterbreche ich mich. Ich darf mir meine Enttäuschung nicht anmerken lassen. Ich habe Frage um Frage gestellt, und es war umsonst. Niemals würde ich eine Antwort darauf bekommen.

«Heute war ich bei den Hügeln. Bei den Trümmerbergen, wenn dir dieses häßliche Wort lieber ist.»

Meine Stimme war nun doch unsicher geworden. «An der Mauer war ich auch.»

Keine Reaktion.

«Vielleicht findest du es taktlos, wenn ich von der Narbe spreche, der langen Narbe quer durch dein Gesicht, die früher nicht da war. Weißt du, daß ich dabei war, als dir diese Wunde zugefügt wurde? Daß ich in dieser so schwarzen Nacht – kein Scheinwerfer war stark genug, dieses Dunkel zu erhellen – eine der wenigen war, die sich noch an dich erinnerten, so wie du früher einmal warst?»

Ich stehe längst nicht mehr mit dem Rücken zum Spiegel, sondern gehe im Zimmer auf und ab. Dann setze ich mich auf den Bettrand und weiß, daß meine Stimme ruhig klingt: «Du darfst mir das, was ich sage, nicht übelnehmen. Ich habe dieses Gespräch oft herbeigesehnt, auch wenn ich in den vergangenen Jahren nicht immer wußte, wie es eigentlich stand. Da war der Krieg und dann das verkrüppelte Europa, da waren die amerikanischen Krücken und die sowjetischen Tanks. Unser Europa erholte sich langsam, kam wieder zur Besinnung, aber du mußtest abseits stehen. Und bist doch einmal der Mittelpunkt gewesen.»

Stille. Was sollte man auch darauf erwidern.

Ich setze neu an: «Hast du eigentlich je verstanden, was du mir, was du uns angetan hast? Für uns, die wir damals jung waren, für eine Jugend, die bereit war, sich dir in die weit geöffneten Arme zu werfen, war es eine schlimme Enttäuschung. Wir hätten darauf vorbereitet sein müssen, bekamen wir oft zu hören. Vielleicht. Wir hörten nicht auf das, was man uns sagte, und sahen auch nicht das, was wir nicht sehen wollten. Ist das immer so, wenn man liebt?»

Wir schweigen beide. Ich weiß, daß ich Berlin nie wiedersehen werde. Nie wieder in einem Hotelzimmer um 39,7 Uhr nachts – nein, das war die Temperatur und nicht die Uhrzeit – mit Berlin werde sprechen können.

«Man kann die fünf Hügel – du weißt jetzt, wovon ich spreche – auch anders sehen. Keine Grabmäler. Mahnmale, die daran erinnern sollen, daß noch alles da ist und nichts endgültig verloren, nicht die Liebe und auch nicht die Hoffnung...»

Zu spät. Ein ganz leichtes Geräusch, als würde eine Tür vorsichtig geschlossen. Ich bin allein.

Am nächsten Morgen nahm ich das Flugzeug. Trotz Fiebers. Es war mein letzter Besuch in Berlin, aber ich hatte den Titel für mein Buch: *Les Collines de Berlin*. Die Hügel von Berlin.

Es war still. Die Kranke wandte den Kopf der Wand zu, der Tür, die es nicht gab, und zu dem Lichtstreifen, der am Boden lag, als sei er durch eine schmale Spalte unter der Tür gedrungen. Der Streifen war nicht breiter geworden, schien aber heller als zuvor. Sie wollte aufstehen, um dem Phänomen nachzugehen, denn sie war es gewohnt, auch kleine Details zu beachten. Aber sie blieb in ihrem Bett und versuchte, sich vorzusagen: «Später.» Es war jedoch so, als gehorche ihr dieses Wort nicht. Es lag da wie ein kleiner, sehr schwerer Stein, den sie zu schwach war aufzuheben. Dann eben nicht, dachte sie. Ich muß nur warten, bis es Morgen wird, dann ist der Lichtstreifen weg und auch die Tür, die gar nicht da ist.

Die Ruhe hielt nicht an. Neue Bilder füllten langsam den Raum. Sie hatte keine Schmerzen, nichts lenkte sie von den Bildern ab, die sie nicht gerufen hatte. Anders als zu Beginn der Nacht, als sie sich noch die Erinnerungen selber aussuchen, sie wie Filmkassetten ins Bewußtsein legen und nach Belieben wieder abstellen konnte. Die Bilder waren tarbig gewesen, jetzt gab es keine Farbe mehr, nur noch Filme in Schwarzweiß und wie von einem Schleier überzogen.

Auf ihren Lippen lag ein bitterer Geschmack. Vergebens hatte Schwester Mireille vorhin versucht, die kleinen Blutstropfen mit einem Wattebausch abzutupfen, die Watte hatte einen unerfreulichen Geschmack, die kleinen Tropfen formten sich immer wieder und waren bitter.

Sie versuchte, die Bilder beiseite zu schieben. Sie war plötzlich in großer Eile. «Ich muß hier weg», sagte sie laut vor sich hin, «ich vertue meine Zeit und habe noch so viel nachzuholen.» Sie dachte nicht mehr an das Erreichte und oftmals schwer Erkämpfte, sie dachte nur noch an das Versäumte. Ob es wohl irgendwann allen Menschen so geht, daß sie sich nur noch an das erinnern, was sie versäumt haben?

«Ich muß nachholen», wiederholte die Kranke. Als ob das möglich sei! Sie wollte die Zeit bekämpfen, obwohl sie wußte, daß sie es mit einem schwierigen Partner zu tun hatte. «Die Zeit», dachte sie weiter, «tut oft so, als sei sie geschmeidig, als könne man ihren Ablauf beeinflussen, sie je nach Bedarf zurechtbiegen, sie ausfüllen, sie nutzen oder, im Gegenteil, sie nutzlos verstreichen lassen. Das stimmt. Aber wenn man versucht, sie zurückzuspulen, wird sie unerbittlich hart, wie aus Metall gegossen, und läßt sich nichts abhandeln, auch nicht eine einzige Sekunde.»

«Ich werde es trotzdem versuchen», wiederholte sich die Kranke. «Ich muß nachholen.» Sie sagte sich das Wort mehrmals vor: «nachholen... nachholen...» Es klang wie das Rattern eines Eisenbahnzuges. Was für ein Unsinn! Sie war krank, sie lag in einem Bett; sie konnte doch nicht gleichzeitig in einem Eisenbahnzug sitzen und das atemlose Rattern auf den Schienen hören.

Sie lauschte auf ihren eigenen Atem: ein fremder, unharmonischer und etwas hilfloser Rhythmus.

Nun sagte sie sich neue Worte vor: «Ich bin vom Wege abgekommen.» Da gibt es nur eines – so schnell wie möglich zurück. Aber lag das in ihren Kräften? «Vergißt du, daß es ein langer, sehr langer Weg war, den du gegangen bist? Von Beginn an bis zu dieser Nacht. Traust du dir wirklich zu, diesen Weg noch einmal zu gehen?»

Die Kranke unterbrach sich. Sie wußte, daß der Weg weit war. Aber sie war entschlossen, die ganze Strecke zurückzulegen, ganz bis zu Beginn.

Bis zu Beginn. Sie wußte nur noch nicht, wie.

Wieso mit einemmal ein Bahnhof da war, verstand sie nicht. Eine erdrückend große Schalterhalle, deren Weite durch nichts unterbrochen war. Darüber ein hohes Dach aus schmutzigem Glas, das nur wenig Licht durchließ.

Sie kannte den Bahnhof, aber irgend etwas war anders als damals. Sie dachte lange und angestrengt nach, bis sie endlich die Erklärung fand:

Der Bahnhof war leer. Keine Reisenden, die hin und her liefen, um den richtigen Bahnsteig zu finden oder nach ihrem Gepäck zu sehen; die Schaufenster der vielen Läden waren geschlossen, der Zeitungsstand nicht in Betrieb. Auch die Fahrkartenschalter waren geschlossen, bis auf einen, vor dem eine kleine Gruppe von Menschen stand, die ihr den Rücken zukehrten. Die Gesichter konnte sie nicht sehen.

Sie war für eine lange Fahrt nicht gut ausgestattet. Sie hatte kein Gepäck und keine Papiere, auch keinen Reisepaß. Nichts als diesen Streifen Stoff am linken Handgelenk, der ihren Namen trug. Sie war froh darüber, es schien ihr wichtig, gerade jetzt zu wissen, wer sie war. In den letzten Stunden hatte sich vieles verändert. Sie war es gewohnt gewesen, Menschen auf gleicher Ebene zu begegnen. Nunmehr aber hatte sich eine quälende Ungleichheit eingestellt. Sie lag da, während alle anderen aufrecht standen oder gingen. Sie war den Gesunden, den Aufrechtstehenden nicht böse, aber es schien ihr wesentlich, sich ihre Identität einzuprägen, die zu bleiben, die sie seit Beginn war.

Sie wollte ihren Platz in der kleinen Reihe einnehmen, die vor dem einzig offenen Schalter stand, ganz am Ende der Schlange, aber man machte ihr Platz.

Der Schalterbeamte hatte ein großes rundes, etwas gerötetes Gesicht, wie einer, der gern einmal auch über den Durst trinkt.

«Ich möchte eine Fahrkarte zweiter Klasse nach Beginn», sagte sie.

Der Beamte sah sie schief an. Er mochte offenbar Reisende nicht, die in wenig bekannte Orte fuhren.

«Wohin?» fragte er.

Sie blieb dabei: «Nach Beginn. Einfach.»

Er suchte in einem dicken Kursbuch, das er aus einem Regal geholt hatte und erst einmal abstaubte. Er suchte lange. Schließlich drehte er sich ihr zu, sichtlich erfreut, ihr eine negative Antwort geben zu können: «Beginn? Haben wir nicht, die Dame.»

Sie mußte sehr enttäuscht ausgesehen haben, denn er wies mit dem Daumen nach rechts: «Da draußen hängt ein Autobusfahrplan. Vielleicht gibt es eine Bushaltestelle, die so heißt.»

Sie konnte Autobusfahrpläne nie richtig lesen, wollte aber nicht aufgeben. «Ich kenne die Gegend», sagte ein Herr hinter ihr. «Beginn liegt an einem kleinen Fluß, man muß zuerst hinüber, ehe man eine direkte Verbindung hat. Über den Fluß hinüber. Zu Fuß.» So als wollte er die enttäuschte Unbekannte aufheitern: «Es ist ein kleiner Fluß, aber einer, der richtig fließt und nicht davon träumt, zur Quelle zurückzukehren.» Sie sah ihn erstaunt an. Einen Reisenden, der spanische Mystiker zitiert, trifft man nicht alle Tage. Sie hätte ihn gern weiter befragt, aber der hilfreiche Herr war verschwunden, der Schalter geschlossen. Sie stand allein in der Bahnhofshalle.

Ich holte das Bahnhofsbild näher heran. Die Schalterhalle war tatsächlich leer. Nicht einmal ich selber war darin zu sehen, es sei denn, der kleine schwarze Punkt etwa in der Mitte der Halle war ich. Ich rückte das Bild noch näher heran und sah nun auch die vielen Abfahrtsschilder, die ihre Arme ausstreckten. Aber auf keiner der Tafeln war ein Bestimmungsort angegeben. Nichts deutete an, über welche Strecke die Züge fahren würden und welches die Endstation war. Möglicherweise war sie angegeben, aber noch unleserlich. Also das Bild ganz nahe. Der kleine schwarze Punkt, das «Ich», wurde dadurch nicht besser sichtbar. Aber ich hatte den kleinen schwarzen Punkt eingeholt, ich verließ die Schalterhalle und ging auf die Bahnsteige zu. Wie viele es waren, konnte ich nicht genau erkennen, ich sah nur bis zur Zahl 24. Auf jedem der Bahnsteige in meinem Blickfeld stand ein langer Eisenbahnzug, der offenbar auf das Signal zur Abfahrt wartete. Elektrische Lokomotiven, obwohl mir schien, daß am letzten Bahnsteig noch eine Dampflokomotive stand, aber es war kein Schnaufen zu hören.

Die Bahnsteige waren leer, außer mir keine Reisenden. Ich war die einzige, hatte aber keine Ahnung, welcher Bahnsteig der richtige war.

Ein Bahnbeamter schlenderte vorbei, den Blick nach oben gerichtet, obwohl dort nichts zu sehen war. Ich ging auf ihn zu.

Der Beamte war stehengeblieben, um sich eine kleine Zigarre anzuzünden. Er holte eine Schachtel mit Streichhölzern hervor, fummelte lange an der Zigarre, verbrannte sich beinahe die Finger und warf das Streichholz schließlich so zu Boden, daß es mir beinahe auf den Fuß gefallen wäre. Dann zog er genüßlich an seiner Zigarre und atmete den Rauch in meine Richtung aus, so als sei es mit Absicht, und ging weiter, ohne mich zu beachten oder mir zu antworten, denn ich hatte eben zu einem Satz angesetzt: «Können Sie mir bitte sagen...» Er ging weiter, als habe er die Frage nicht gehört. Ein unhöflicher Mann. Oder: er hatte mich nicht gesehen. Vielleicht war er blind. Aber dann hätte er einen weißen Stock oder einen Hund dabei und trüge nicht die Uniform eines Angestellten der französischen Eisenbahn. Es mußte an mir liegen.

Ich durfte mich nicht entmutigen lassen. Der Entschluß, die Reise anzutreten, war mir nicht leichtgefallen. Ich mußte dabeibleiben, auch wenn das Endziel mir unbekannt blieb und vieles mir sonderbar schien: der Bahnhof mit den sinnlosen Abfahrtstafeln, die unbeweglichen, stillgelegten Züge und der Mann am Schalter, der mir die Fahrkarte verweigert hatte.

Der Lichtstreifen rechts von meinem Bett brachte mich in das Krankenzimmer zurück. Vielleicht war die Reise verschoben. Ich beschloß also, zunächst in diesem Zimmer zu bleiben, einem Zimmer, in dem nun Ordnung herrschte, in dem keine Erinnerungen umherlagen, keine unerzählten Geschichten, keine verhangenen und mit einem leichten Schleier überzogenen Bilder. Wo blieben die Worte?

Ich hätte besser daran getan, nicht an sie zu denken. Schon kam Bewegung in den Raum. Zunächst ein leises Schlürfen, hin und wieder das Geräusch, das entsteht, wenn man versucht, keinen Lärm zu machen: Worte, die sich unmerklich aus dem Staub machten.

Ich fühlte Bitterkeit. Wohin gingen sie? Manche von ihnen, die selbstbewußt marschierten, machten sich vielleicht Illusionen. Ein neues Zeitalter war im Anbrechen, eine neue, einfachere Sorte von Worten «gefragt», zum erstenmal seit der Schaffung des Menschen ergänzten Geräte das menschliche Gehirn. Was sollten meine altgedienten Hilfstruppen dabei? Sie blieben besser wohlverwahrt in dem Kopf, durch den sie jetzt liefen – meinem Kopf –, anstatt heimlich und auf Zehenspitzen einen passenden Ausgang zu suchen. In meinem Kopf war Platz für sie.

Zu Beginn der Nacht hatte ich gehadert, über die komplizierte Konstruktion des Körpers geklagt. Nun bestaunte ich das tausendfältige Labyrinth meines Kopfes, ein neues, reicheres Gehirn, ein besonderes Geschenk für diese eine Nacht, eine wunderbare Maschinerie, der ich die Sorge für den kranken Körper anvertrauen konnte.

Die vielen Worte. Sie waren nicht alle aus meinem Besitz, es waren auch Worte der anderen, der

Großen, Gereimtes und Ungereimtes, Poesie und Prosa, so als hätte ich sie ein Leben lang aufgespeichert für die Zeit der Not. Die meisten von ihnen stammten aus vergangenen Jahrhunderten. Manche hatte ich längst vergessen oder erkannte sie nicht gleich wieder, andere trugen Armbinden mit der Bezeichnung ihrer Identität, hier sieben Worte von Friedrich Rückert: «Ich bin der Welt abhanden gekommen», dort ein einsamer Satz des jungen Engländers Rupert Brooke: «And my heart is sick with memories», oder die Worte des von einem revolutionären Tribunal zum Tode verurteilten Dichters André Chénier, der, vor dem Schafott stehend, auf seinen Kopf wies, der wenige Sekunden später in den Sand rollen würde: «Schade, da war noch etwas drin.»

Ich erwog die Möglichkeit, einen Appell an die flüchtenden Worte zu richten. Die Erwiderung kam mir zuvor: «Du brauchst keine Worte mehr», sagte eines von ihnen. Ein müdes Staunen: Nun wurde ich geduzt! Aber der Satz drehte und wendete sich, und es wurde schließlich daraus: «Du brauchst uns noch nicht.»

Ich fühlte mich nicht wirklich krank. Ich hatte keine Schmerzen. Daß Schmerzen auch hätten ablenken können von bitteren Gedanken und wehmütigen Erinnerungen, fiel mir erst viel später ein. Ich kam zu dem Schluß, mich nur auf eines zu konzentrieren: nicht schlafen. Und vor allem: nicht einschlafen.

Und so stemme ich mich gegen den Schlaf. Ich will nicht, daß er mir nahe kommt, daß er mich berührt, sich auf mich legt, mich in die Arme nimmt. Dabei bin ich traurig, denn ich habe nichts so sehr geliebt wie den Schlaf, nichts so oft herbeigesehnt wie ihn. Viele Stunden Schlaf, nach einem heißen Bad. Ich habe nie gegen den Schlaf gekämpft, ich habe darum gekämpft, schlafen zu dürfen und vor allem ausschlafen zu dürfen. Ich konnte nicht genug davon bekommen und bekam auch nicht genug. Dabei waren die zahllosen Nuits Blanches meines Lebens durchaus nicht alle leidenschaftlich, romantisch oder poetisch gewesen. Meine Nächte gehörten wie meine Tage den vielen Unbekannten, für die ich da war, für die ich arbeitete und über das Zeitgeschehen berichtete. Nun richten sich aber die Ereignisse, seien sie groß oder klein, nicht immer nach den Tageszeiten. Immer wieder holte mich das Klingeln des Telefons aus dem Schlaf, manchmal einen schönen Traum zerreißend, zwang mich in meine Kleider, setzte mich an den Schreibtisch, in ein Flugzeug oder in den Wagen auf die Autobahn. Auf den Weg in die Eifel, wo es eine Explosion in einem Munitionslager gegeben hatte, nach Friedland, wo besiegte Feldherren unerwartet am frühen Morgen aus russischer Gefangenschaft zurückkehrten, an das Brandenburger Tor in Berlin, wo nächtens das Pflaster aufgerissen wurde, damit eine Mauer gebaut werden konnte, oder, weniger historisch, nach Hamburg, wo ein trauriges Mädchen nach einer Ehe von nur wenigen Tagen unerwartet schnell aus dem Nahen Osten in das väterliche Haus heimgekehrt war und nur wenig Lust verspürte, uns zu erzählen, wie schlecht es ihr im Schloß ihres Märchenprinzen, eines reichen, aber vielfach vermählten Ölscheichs, ergangen war, der plötzlich konstatierte, daß die schöne schlanke Blonde für ihn zu mager sei.

Dabei hatte einst mein Wunsch nach Schlaf mich zu meinem Beruf gebracht. Das war lange her, dennoch schien mir die Geschichte vertraut, vielleicht hatte ich in letzter Zeit wieder daran gedacht oder davon erzählt: die Geschichte eines Abends, an dem ich bei Freunden einen Herrn kennenlernte, der mir einige Stunden später vorschlug, mich in seinem Wagen nach Hause zu bringen. Auf dem Weg zur Clausewitzstraße – nun war auch dieser Name mit einemmal wieder da – sprach er von seiner Tätigkeit für eine Pariser Zeitung und wollte auch einiges von mir wissen. Ich hätte viel erzählen können, ich verkehrte damals mit Künstlern einer besonderen Art, Akrobaten, Trapezkünstlern, Musikern, Tänzern und Liedersängern, die ich alle in der Artistenagentur kennenlernte, in der ich arbeitete. Männer und Frauen, die in strengster Disziplin lebten. Nach jedem abendlichen Auftritt galt es, nachts viel und gut zu schlafen, am nächsten Morgen fing das unerbittliche Training wieder an. Die meisten von ihnen arbeiteten ohne Netz, unter Lebensgefahr, und Schlaf, erklärten sie mir oft, sei für sie die einzige sichere Medizin.

Mein Begleiter schlug mir an meiner Haustür vor, noch zu einer Tasse Kaffee zu mir zu kommen. Ich warf einen diskreten Blick auf meine Uhr – fast drei Uhr morgens –, dann auf den Herrn, der nicht sehr attraktiv war, das hochrote Gesicht eines Trinkers, leicht hervorstehende helle Augen, Stiernacken. Ich beschloß, schnellstens schlafen zu gehen, anstatt in seiner Gesellschaft Kaffee zu trinken.

Auf den Herrn, der im Ersten Weltkrieg für den französischen Geheimdienst gearbeitet hatte und seither allen Menschen gegenüber mißtrauisch war, machte meine Ablehnung Eindruck: Ich war allem Anschein nach ein «seriöses» Mädchen, würdig, bei ihm angestellt zu werden, denn er suchte eine Mitarbeiterin. Als ich sein Angebot annahm, ahnte ich nicht, auf wie viele schlaflose Nächte ich mich eingelassen hatte.

Ich würde Ihnen so gerne helfen», sagte Schwester Mireille und legte ihre Hände auf die meinen. Ich mußte mir Mühe geben, sie nicht brüsk zurückzuweisen. Ich war erschrocken. Das Angebot, mir zu helfen, riß völlig unerwartet ein Bild aus sehr ferner und längst vergessen geglaubter Vergangenheit hervor, so als sei ich ein Leben lang dem Wort

«Hilfe» nie wieder begegnet. Als hätte man mir etwa nie Hilfe angeboten. Als hätte ich selber versagt, wenn es darum ging, anderen zu helfen.

Schwester Mireilles Hände blieben auf meinen liegen, schöne junge Hände, gepflegte Nägel, hellrosa gelackt. Gelänge es ihr, den Kontrakt für einen Video-Clip zu bekommen, würde sie wahrscheinlich blutroten Lack darauf tun müssen. Aber so weit war sie noch nicht; sie hatte ein neues Lied in Vorbereitung, sobald sie damit fertig war, wollte sie es mir vortragen. Ich hörte zu, obwohl ich mir Mühe geben mußte, sie richtig zu verstehen. Ich war noch bei dem Bild, das sie mir ungewollt vor die Augen gesetzt hatte.

Eine hübsche junge Frau, die auf einem Bahnsteig der Pariser Gare du Nord auf und ab geht. An der Hand führt sie ein kleines Mädchen. Beide warten auf den Zug, der ihnen Papa bringen soll, der von einer Reise zurückkommt. Das Kind bin ich, und ich halte eine Galette, ein großes Stück Kuchen, in der Hand, das meine Mutter mir am Bahnhofsbuffet gekauft hat, um die Wartezeit zu verkürzen. Ich habe Mühe, mit dem Essen voranzukommen. «Soll ich dir helfen?» fragt meine Mutter. Ich bin von der Idee begeistert. Ich wußte gar nicht, daß es so etwas gibt, jemand, der einem beim Kuchenessen hilft. Meine Mutter nimmt mir den Kuchen aus der Hand und bricht ihn auseinander. Sie hat den dunkelblauen Schleier, der ihren Hut garniert, hochgezogen und

schiebt mit der blau behandschuhten Hand das eine
Stück in den Mund. Das andere darf ich behalten.
Meine erste Enttäuschung. Das also war «Hilfe».
Der halbe Kuchen war weg. Meine Mutter muß ge-
merkt haben, daß ich traurig bin. Sie beugt sich zu
mir und küßt mich auf die Stirn. Eben fährt auch der
Zug ein.

Vom Korridor her oder durch die Wand drangen
sehr leise die Klänge und die Worte eines bekannten
Schlagers, italienisch oder spanisch gesungen, den
ich seit dem frühen Abend wiederholt gehört habe.
Eine nasale schluchzende Männerstimme stellte je-
mandem das Paradies in Aussicht, genauer gesagt,
den «Garten Eden».
 Ich mochte die schluchzende Stimme nicht. Vielleicht hatte ein anderer Kranker diese Kassette einle-
gen lassen, weil sie ihm Hilfe brachte. Und ich? Und
ich? Und ich? Hatte ich nicht auch nach Hilfe gerufen? Wo blieben die Melodien, die mir beistehen
würden?

E rstaunlich, wie schnell in dieser Nacht, in diesem Hospital, in diesem Zimmer der Szenenwechsel
vor sich ging. Ich war nun in einem sehr großen
Saal, ohne Zweifel ein Konzertsaal, in Weiß und
Gold gehalten, von zahlreichen Kristallkronleuch-
tern hell erleuchtet. Der Saal war leer. Ich hatte

einen Eckplatz in der ersten Reihe, ganz nahe am Ausgang.

Das Orchester war nicht zu sehen, die Musik kam von draußen und von ferne. Ein unsichtbarer Kapellmeister hatte das Programm zusammengestellt und dirigierte den Liederabend. Von den Worten drangen nur Bruchstücke zu mir, die Melodien waren fehlerlos. Ich konnte nur nicht recht ausmachen, ob ein Orchester spielte oder nur einige Instrumente wie Violinen, Violen und ein Cello. Es war kein Klavier dabei. Sicher kein Klavier.

Das Konzert näherte sich schon dem Ende. Ich erriet, daß es wieder einmal um eine Reise ging:

«Er fragte ihn, wohin er führe
Und auch warum, warum es müßte sein...»,

also ein Lied, das *Der Abschied* heißt und erst nach den anderen gesungen wird, die in Mahlers *Lied von der Erde* vorangegangen sind. Die Worte brachen ab, die Musik ging weiter.

Als sie verstummte, gab es keinen Applaus, es war ja kein Publikum da. Erst nach einer Pause, die mir sehr lang schien, ließ sich das Konzert wieder hören. Diesmal war es kein Lied, sondern eine Arie, auch sie beinahe beendet, ohne daß ich den Anfang gehört hätte. Die Stimme klang so, als liefen der Frau, die sang, die Tränen über die Wangen, sie sang leise, beinahe vertraulich. Die Feldmarschallin, die ihrem Rosenkavalier nachweint, der zu einer anderen geht, «die jünger und schöner ist» als sie. «Das alles ist geheim, so viel geheim, und man ist dazu da, daß man's erträgt.»

Ein Tenor stimmte das letzte Lied des Abends an: «Und morgen wird die Sonne wieder scheinen», Richard Strauss' Musik so überzeugend, als schriebe man «Sonne» mit mehr als zwei «n».

Der Saal war verschwunden, ich lag wieder in meinem Bett. Mein Kopf war ganz klar. Der Konzertsaal, der unsichtbare Kapellmeister und das Orchester waren sicher nur Einbildungen gewesen. Ich hatte nach Hilfe gerufen, *meine* Lieder hatten mich gehört, und sie waren sofort da.

Ich war so glücklich, als schliefe ich.

Das Dunkel im Zimmer war dichter geworden, aber nicht die Stille, die wirkte, als sei sie durchlöchert. Ein dumpfes, gedämpftes Geräusch, von dem die Kranke erst dachte, es käme von außen. Es dauerte lange, ehe es ihr gelang, das sonderbare Rasseln zu identifizieren. Es war ihr eigener Atem, der anders ging. Nicht leicht und selbstverständlich wie sonst, nein, es war wie eine neue, unvertraute Art von Schwerarbeit. Schwerarbeit, ihn aus der Brust herauszuholen, weniger schwer, ihn in einem unregelmäßigen Takt wieder auszustoßen. Davon hatte doch einmal ein Dichter erzählt. Sie mochte es vor langer Zeit gelesen oder gehört haben. Verse von

Goethe, und sie sagte sich aus dem Gedächtnis die
ersten Zeilen vor:

«Im Atemholen sind zweierlei Gnaden
Die Luft einziehen, sich ihrer entladen.
Jenes bedrängt, dieses erfrischt,
So wunderbar ist das Leben gemischt.»

Und da fielen ihr auch die letzten Zeilen wieder
ein:

«Du danke Gott, wenn er Dich preßt
Und dank' ihm, wenn er Dich wieder entläßt.»

Die Kranke versuchte, die Hände zu falten. Aber
der Weg der Hände zueinander war zu weit.

Wann ich das Bett verlassen hatte, wußte ich nicht
mehr, ich war auf dem Weg zu einer langen Reise.

Der letzte Gegenstand, den ich trotz der Dunkelheit im Zimmer wahrnahm, war das Kleid auf dem Boden. Achtlos hingeworfen und überdies aus den Nähten geraten. Hier ein Ärmel, der sich gelöst hatte, dort in einiger Entfernung ein abgetrennter Rock. Der Stoff – das konnte ich genau sehen – schimmerte leicht golden, die Grundfarbe war ein helles Braun, ein Ton, der in der Modesprache «mordoré» heißt und den ich sehr liebte.

Was sollte das Abendkleid in diesem Krankenzimmer? Ich hatte es ein einziges Mal getragen, und das lag viele Jahre zurück. Die Erinnerung daran war so zerfranst wie das Kleid.

Ein kurzer Aufenthalt in Paris – ich lebte und arbeitete damals in der viel kleineren Hauptstadt am Rhein –, die verspätete Einladung zu einem Galaempfang in das Palais de l'Elysée, wo kein König residierte, aber ein General und Präsident der Republik. Im mitgeführten Gepäck kein Abendkleid. Meine kleine sehr begabte Pariser Schneiderin, die kritische Situationen liebte und sofort die Lösung fand: Bis abends würde ein Kleid fertig sein. Allerdings nur sorgfältig geheftet, mit kleinen Stichen. Zum richtigen Nähen fehlte die Zeit. Das Material war vorrätig, eben diese schwere mordoréfarbene Seide.

Eine Stunde vor Beginn des Empfangs wurde das Kleid geliefert. Man sah ihm nicht an, daß es nur geheftet war, nur ich wußte davon: ein weiter Rock, in großen Falten bis zum Boden fallend, ein kunstvoll drapiertes Oberteil, lange Ärmel in eine elegante Manschette übergehend. Etwas später der Empfang: Um mich herum viele Damen, die Modelle aus den letzten Kollektionen der großen Couturiers trugen. Mein Kleid gehörte nicht dazu, konnte sich aber sehen lassen. Ich allein wußte, daß es noch kein wirkliches Kleid war, eher das, was meine englische Lehrerin «unfinished business» nannte. Ich mußte immerzu daran denken und vergaß es erst, als zu später Stunde der Hausherr seinen Auftritt hatte, umgeben von seinen Ehrengästen. Er überragte die anderen. Schon gehörte er der Geschichte an, sagte ich mir, und es war nicht wichtig, ob mein Kleid geheftet oder genäht war. Oder doch?

Die Seide schimmerte golden in der Dunkelheit, aber der Ton war unfreundlich geworden, das Wort «mordoré» schien mich anzugrinsen. Es tanzte vor meinen Augen, dehnte sich und spaltete sich unter meinem Blick: mordoré. «Mort» sagte das eine Wort, «dorée» das andere.

Weg von der Farbe und weg mit den Worten! Siehe da, ein Ausrufungszeichen. Das gab mir neue Energie und erinnerte mich an einen jüngst gelesenen Krimi, in dem ein kluger Detektiv sehr schnell den vorgetäuschten Selbstmord eines Mädchens als Verbrechen identifiziert: Der fingierte Abschiedsbrief schloß mit einem Ausrufungszeichen. Das tut kein Mensch, der am Ende ist, meinte der Detektiv. Er macht einfach einen Punkt.

Was sollten hier die golden schimmernde Abendrobe, die gespaltenen Worte und die Erinnerungen?

Ich habe oft darüber gestaunt, wie despotisch mein Gedächtnis mit mir umspringt, den Erinnerungen jegliche Gleichberechtigung versagend. Manche haben ihren Stammtisch bei mir, treffen sich regelmäßig in meinem Kopf, feiern fröhlich, laute und lärmende Erinnerungen. Andere dagegen, die sich schüchtern anmelden, werden nicht richtig erkannt und begegnen nur Mißtrauen. «Ja? War das wirklich so? Und wann genau soll das gewesen sein? Bist du sicher, daß sich das alles so abgespielt hat?» Und so bestimmt denn das Gedächtnis, ohne jede Logik, welcher Erinnerung Asylrecht gewährt wird. In dieser Nacht ging es nicht anders zu, das golden schimmernde Abendkleid war da, aber keiner der Freunde, die durch mein Leben gingen.

War das wirklich der richtige Moment, um mit meinem Gedächtnis abzurechnen? Trotzdem wiederholte ich meine Frage: Was sollten hier die golden schimmernde Abendrobe und die gespaltenen Worte? Die Antwort kam schnell und unerbittlich: «Du willst die Reise hinausschieben, die sinnlose Reise mit unbekanntem Ziel.»

Das stimmte wahrscheinlich. Ich wußte, daß mir die Reise bevorstand, alles sprach dafür, der Bahnhof und die vielen Züge, die darauf warteten abzufahren. Allerdings hatte ich kein Gepäck bei mir, keine Papiere, nichts als den kleinen Leinwandstreifen um das linke Handgelenk, der meinen Namen trug. Aber mein Arm war zu weit weg, ich konnte den Namen nicht lesen. Ich ärgerte mich darüber, gerade jetzt wäre es wichtig gewesen, genau zu wissen, wer ich war.

Wenn auch das Endziel meiner Reise im Dunkel blieb, so war mir doch nunmehr die Strecke, die dahin führte, nicht unbekannt. Ich hatte sie schon einmal zurückgelegt und würde mich also auf vertrauten Gleisen bewegen. Trotzdem wurde ich eine gewisse Bangigkeit nicht los. Würde der Zug wirklich da anhalten, wo ich hin sollte? Gab es eine Grenze, die ich besser nicht überschritte? Ich würde allein reisen müssen, soviel schien mir sicher.

Aus sehr weiter Ferne ließ sich eine Stimme vernehmen: «Woher weißt du, daß du allein reisen wirst? Vielleicht wirst du nicht allein sein.»

Der Raum schien viel größer als zu Beginn der Nacht. Nicht so groß wie die Bahnhofshalle oder der Konzertsaal. Vielleicht war auch dies eine Täuschung und lag ganz einfach daran, daß auch ich mich verändert hatte. Ich war nicht so klein wie vorhin der kleine schwarze Punkt mitten in der leeren Bahnhofshalle, aber nicht sehr groß.

Die Verwandlung bedrückte mich nicht, ich staunte nicht darüber. Ich hatte zwei Glockenschläge gehört, von einem fernen Kirchturm kommend.

Ich mußte all meine Kraft zusammennehmen, um mich so schnell wie möglich in den neuen Dimensionen zurechtzufinden. Dies war um so beschwerlicher, als die Zeit sich verändert hatte. Die Minuten gingen anders. Sie klebten aneinander, keine wollte der nachfolgenden den Platz räumen. Sie zwangen mir ihren Rhythmus auf. Mein Denken wurde langsamer. Es war zwei Uhr morgens, und mir war klar, daß es bis zum Morgen viel länger dauern würde, als wenn die Zeit sich im gewohnten Tempo voranbewegte.

Die Bilder folgten einander nun im Zeitlupentempo. An ihrer Spitze wieder die Szene auf dem Bahnsteig, als meine Mutter mir eine Galette schenkte, einen großen runden Kuchen. Dasselbe Bild und doch anders. Damals standen wartende Reisende umher, diesmal war der Bahnsteig leer. Ich konnte nur meine Mutter sehen, die ihr Kind an der Hand führte. Das kleine Mädchen, auf dem Kopf einen Strohhut mit zurückgeschlagenem Rand – es war wahrscheinlich Sommer –, unter dem Kinn mit einem Gummiband festgehalten, sieht gespannt zur Mutter hinauf, von der sie alles erwartet; dann sieht man, wie die Mutter dem Kind den Kuchen aus den Händen nimmt und in zwei Teile bricht. Das Gesicht meiner Mutter konnte ich nicht klar sehen, das lag nicht nur an dem Schleier, den hatte sie ja mit der behandschuhten Hand hochgehoben, um die Hälfte des Kuchens zu verzehren, um mir beim Essen der Galette «zu helfen». Dabei hatte sie mir den ganzen Kuchen geschenkt! Vielleicht trauerte ich der einen Hälfte nach, die sie nun wieder zurücknahm. Vielleicht bildete ich mir ein, daß es der köstlichere Teil des Kuchens war, unwiederbringlich für mich verloren.

Ich muß sehr verzweifelt ausgesehen haben. Meine Mutter hatte mir einen fragenden Blick zugeworfen und sich dann niedergebeugt – sie war eine zierliche, nicht sehr große Frau, aber ich war eben noch klein – und mir einen schnellen Kuß auf die Stirn gedrückt, gerade als der Zug einfuhr.

Ich schob das Bild weg, es war nicht am Platze. Oder doch?

Die nächste Erinnerung war dann die Tragbahre, auf der sie lag, und diesmal mußte ich – so klein ich auch war – mich niederbeugen, um ihr einen Abschiedskuß zu geben. Sie war im Begriff, eine Reise nach Italien anzutreten, um dort ihre Krankheit zu kurieren. Antibiotika gab es damals noch nicht, das Penicillin war noch nicht erfunden, und so sollte denn der warme Süden – so meinten die Ärzte – ihre kranken Lungen heilen. Sie versprach mir, fast feierlich, bald wiederzukommen und mir ein buntes glasiertes Köfferchen mitzubringen, wie ich es mir wünschte, um Bleistifte, Briefmarken und sonstiges darin verwahren zu können, denn in wenigen Wochen würde ich den ersten Schultag erleben.

Das Versprechen hat sie nicht gehalten. Ich war nicht wirklich böse auf sie, sondern erfand eine Geschichte, in der sie eines Tages wiedergefunden wurde. Sie hatte sich bei einem Spaziergang im nahe gelegenen Wald verlaufen, ich war es, die sie wiederfand, sie kam mir entgegen, sportlich gekleidet, nach der damaligen Mode, langer Rock, breiter Gürtel um die schmale Taille, weiße Hemdbluse mit steifem Kragen, dazu ein Schleifchen. Wie so oft hielt sie ein spitzenbesetztes Taschentuch in der Hand, das gar nicht zu der Kleidung paßte, sie weinte, weil sie vom Wege abgekommen war, aber dann sah sie mich und war gerettet.

Diese Geschichte, die ich mir oft erzählte, habe

ich mit immer neuen Details ausgeschmückt. Einmal hatten sich Tannennadeln in ihrem langen Rock verfangen, und sie hatte Mühe, sie abzuschütteln. Ein anderes Mal trug sie die dichten kastanienbraunen Haare lose bis zur Taille, die Baumzweige hatten ihre kunstvolle Frisur aufgelöst, die Haare waren unordentlich. Ein anderes Mal noch hatte sie ein Sträußchen selbstgepflückter Feldblumen in der Hand, die sie mir schenkte, Ersatz für das versprochene Köfferchen, wie mir schien.

Noch später wurde die Geschichte in einem linierten Schulheft, zusammen mit anderen Geschichten, aufgeschrieben. Aber auch Märchen nutzen sich ab, und nach und nach vergaß ich auch dieses, das Leben brachte mir immer mehr Neues, so daß ich nicht mehr so oft an meine Mutter dachte. Nun aber war sie mir wieder eingefallen, sie war in dieses Zimmer eingefallen, aber bei der Reise, die bevorstand, konnte sie mir nicht helfen.

Das Regiment im Hause – wir waren vier Geschwister – hatte eine «Gouvernante» übernommen, und mit ihr reisten wir den Sommer darauf, zwei Monate ehe für mich die Schule beginnen sollte, nach Jersey, mit schwarzen Lackhüten auf dem Kopf, als Zeichen der Trauer. Es war meine erste Reise in eine unbekannte Welt, zum erstenmal hörte ich eine fremde Sprache, es war alles neu: der

Tee zum Frühstück und die leicht bitter schmeckende Orangenkonfitüre.

Die «Pension Blanche» lag ganz nahe am Strand. Die Gouvernante konnte von einem Balkon aus genau beobachten, wie wir Kinder am Strand spielten. Sie saß da und strickte oder häkelte oder machte Kreuzsticharbeiten an einem Tischläufer, das gab es zu dieser Zeit, einen breiten Streifen Stoff, den man bei festlichen Anlässen über das Tischtuch legte, der Länge nach, als Tafelschmuck. Ich mochte das Kreuzstichmuster nicht. Als meine Mutter noch nicht verreist war, gab es keine Tischläufer, sie legte, wenn Gäste kamen, ein großes Tischtuch mit Veilchenmuster auf, für große Gelegenheiten gab es auch ein Tafelservice mit demselben Blumenmuster, und als Tafelschmuck lagen vor jedem Gedeck einige verzuckerte Veilchen.

Das «Fräulein» also stichelte täglich an ihrer phantasielosen Kreuzsticharbeit. Das Muster, an dem sie arbeitete, war schwierig: eine Reihe von laufenden Hasen und, jeweils zwischen zwei Hasen, ein Kastanienbaum. Die Hasen braun wie auch die Baumstämme, die Kronen der Bäume grün, besät mit kleinen rosa Blüten. Ich mochte die Hasen nicht; es sollte ein langer Läufer werden, und es waren gut zwei Dutzend Hasen und Bäume vorgesehen.

An diesem Morgen nun ließ ihre Aufmerksamkeit nach. Ich hatte mich auf einem Steg ziemlich weit hinausgewagt, machte möglicherweise einen falschen Tritt und fiel ins Wasser. Später sollte es allerdings heißen, daß ich mich absichtlich hätte ins Meer fallen lassen.

Das Meerwasser schmeckte salzig, aber das störte mich nicht. Auch Tränen haben einen salzigen Geschmack, und ich hatte in den letzten Wochen manchmal geweint, man wußte nicht recht, warum. Ich trug einen handgestrickten roten Strandanzug, das Kind im Wasser wurde sehr schnell erspäht und wieder herausgefischt. Wie das alles vor sich ging, habe ich längst vergessen. Später war die Rede davon, daß ich in eine Gruppe spielender Kinder geraten und dabei auf dem glitschig-nassen Holz des Steges ausgerutscht sei, soweit ich mich aber daran erinnere, war ich an diesem Morgen allein.

Ich hatte geglaubt, aber daran erinnerte ich mich erst viel später, oder ich hatte es mir nur ausgedacht, daß ich auf dem Meeresgrund etwas hatte blinken sehen. Das konnte nur Phantasie sein, denn an dieser Stelle war das Wasser viel zu tief. Den kleinen blinkenden Gegenstand hatte ich für ein Medaillon gehalten, das ich wenige Tage vorher bei einer Schwimmstunde verloren hatte, als das silberne Kettchen, woran es hing, plötzlich riß. Auf dem Medaillon war in Email der bekannte kleine Engel von Raffael zu sehen, ein lächelnd-nachdenklicher Engel, das Köpfchen auf den linken Arm gestützt. Ein Geschenk meiner Mutter, ein Schutzengel, und ich mußte nunmehr versuchen, ohne ihn auszukommen.

Als ich erwachte – ich hatte, ehe man mich aus dem

Wasser holte, das Bewußtsein verloren –, hörte ich um mich erregte Stimmen: Es sei skandalös, daß mein roter Strandanzug, in einem bekannten Warenhaus gekauft, bei meinem Unfall abgefärbt habe. Ich war gekränkt. Immerhin ging es um mich und nicht um den zusammengeschrumpften roten Strandanzug. Irgendwann wandte man sich auch mir zu, um auf einen Spiegel an der Wand zu weisen: «Schau hinein, du siehst aus wie ein Indianer.» Ich bestrafte die Erwachsenen auf meine Weise, indem ich ihnen nichts von dem Medaillon auf dem Meeresgrund erzählte und nichts von dem salzigen Geschmack des Meerwassers.

Ich wartete darauf, bestraft zu werden. Mein Vater kam am nächsten Tag nach Jersey, aber er sprach nicht von dem Zwischenfall. Er schien nur für mich dazusein. Er begleitete mich an den Strand, ich ging stolz an seiner Seite. Er las mir nachmittags auch eine Geschichte aus dem Märchenbuch vor, die *Siebenmeilenstiefel*. Auch die anderen benahmen sich so, als hätten sie Mitleid mit mir.

Die Harmonie hielt nicht an, und die Atmosphäre war anders geworden, seitdem die Gouvernante, ein etwas derbes Mädchen mit einer schönen Singstimme, beschlossen hatte, meinen Vater zu heiraten, einen Witwer, der noch nicht ganz dreißig Jahre alt war. Die Erinnerung an meine Mutter und meine Trauer waren ihr im Wege, auch wenn ich damals zu klein war, um das zu verstehen. Einmal wurde ich dabei ertappt, daß ich nachts, ein Foto meiner Mutter im Arm haltend, weinte, anstatt zu schlafen. Man wurde sehr böse auf mich: Kinder haben nachts zu schlafen. Ich wurde bestraft.

Als ich etwas älter war – acht oder neun Jahre alt –, bekam ich «Schreibverbot». Ich hatte begonnen, die Geschichten, die ich mir ausdachte, in ein liniertes Schulheft einzutragen. Das sollte ich nicht, hieß es, ich sollte lieber Schulaufgaben machen. Ich schrieb trotzdem weiter, im Garten, es war Sommer. Die Blätter versteckte ich in einem Baumstamm, der an einer Seite einen tiefen Spalt hatte, in den man ganz leicht einige aus dem Heft gerissene Seiten hineinschieben konnte.

Es gab auch die Friedhofsbesuche. Sie waren mir eine Last; ich war es, die ein Gebet sprechen mußte, das in einem Buch stand. Ich erinnere mich an einige Zeilen:

> «Toi qui reposes sous cette froide pierre,
> Toi que j'aimais plus que moi-même...»

Warum dieses «plus que moi-même»? Mehr als mich selber? Ich war mir nicht so sicher, mich so sehr zu lieben. Gewiß, in der Schule war unter meinen Mitschülerinnen keine, mit der ich gerne getauscht hätte, in den Büchern aber gab es eine ganze Menge von Personen, an deren Stelle ich gerne gewesen wäre, nicht die großen Heldinnen oder Prinzessinnen, sondern manche Kinder, die eine Mutter hatten...

Aber auch das änderte sich mit der Zeit. Das Gebet wurde weggelassen, Besuche auf dem Friedhof wurden seltener, mein Vater heiratete wieder.

Warum diese so entfernten Bilder in dieser Nacht? Gab es keine Gegenwart mehr? Wo waren die Freunde, und wo war Julien? An viele Namen konnte ich mich erinnern, aber die Namen standen vereinsamt da, sie gehörten keinem Gesicht mehr an. Ich versuchte vergebens, sie mir ins Gedächtnis zu holen. Dann wurde ich bescheidener: Ich rief Denises blonde Haare zu Hilfe, die schönen Hände von Marie-Paule und auch die kastanienbraunen Augen von Julien, aber sie erschienen nicht, so als hätte ich weder Denise noch Marie-Paule noch Julien je gesehen. Ein Gefühl der Kälte stieg langsam in mir auf, begann in der Magengegend, floß am Körper hinunter in die Beine, stockte und suchte sich einen Weg nach oben, füllte die Lungen, stieß an das Herz, das anders zu schlagen schien, und setzte sich schließlich in der Brust fest, preßte sie zusammen, als gelte es vor allem, mich am Atmen zu hindern.

Mein Kopf aber war klar. Ich raffte all meine Energie zusammen, ich wollte selber bestimmen, wie es weiterging. Ich mußte versuchen, den Weg zurück zu finden zu den Freunden, zu Julien, zu meiner Arbeit. Da gab es nur eine Lösung, und mein Entschluß war gefaßt: Ich würde nicht reisen. Meine Stimme sollte fest und entschlossen klingen, aber ich brachte nicht mehr als ein Flüstern zustande: «Ich werde nicht reisen.»

Die Antwort kam schnell und so scharf, daß meine Ohren schmerzten: «Wovon sprichst du eigentlich? Die Reise hat längst begonnen.»

Sonderbarerweise beruhigte mich die lärmende Mitteilung. Das war es also, und es war nicht so schlimm, wie ich befürchtete. Was mir vorhin die Brust zusammengedrückt hatte, war sicher, was man «angoisse» nennt, eine tiefgehende Bangigkeit, so als fürchte man sich davor, Angst zu haben. Ein Gefühl, das der Körper wahrnimmt, noch ehe man selber merkt, daß man davon ergriffen ist. Vor einigen Tagen noch hatten sie davon erzählt, Marcel, der Flieger aus dem Ersten Weltkrieg, und die Dame, die eine «Heldin» war.

Hier stockte ich. Das war nicht vor einigen Tagen gewesen, sondern vor vielen, sehr vielen Jahren.

Aber die Erinnerung ließ sich nicht vertreiben, der Film war angelaufen, wenn auch nur in Schwarzweiß.

Ich sehe vier Personen um einen Tisch sitzen, in einem schicken Restaurant der Rue Montorgueil, unweit der «Halles», des Pariser Großmarktes, der damals noch im Herzen der Stadt war. Von mir war nicht viel zu sehen, ich saß abgewandt, mit dem Rücken zu mir. Nur ich wußte, daß ich in verzweifelter Stimmung war. Vor knapp zwei Stunden war mir ohne Vorwarnung mitgeteilt worden, daß meine Berliner Tätigkeit beendet war. Das Büro, das ich leitete, werde geschlossen, der Krieg stehe vor der Tür, und es sei besser, rechtzeitig alles aufzulösen. Für mich bedeutete es mehr als Arbeitslosigkeit, es war die Trennung von dem Mann, mit dem ich in Berlin zusammenlebte. Aber von alldem hatte ich noch mit niemandem gesprochen, und auf die Verabredung zum Mittagessen wollte ich nicht verzichten. Mir war, als stürze die Welt ein. Ich war nicht die einzige.

Die drei anderen Gäste waren berühmte Leute: der viel ältere prominente Kollege, der alle Großen jener Zeit interviewt hatte, auch den Kaiser von Japan; die beiden anderen «Helden» aus dem Kriege, dem ersten, versteht sich, der zweite stand ja noch vor der Tür. Der Fliegeroffizier hatte sich in vielen Luftkämpfen bewährt und eine Reihe von Auszeichnungen verdient. Mir gegenüber schließlich saß eine Dame, die nicht mehr ganz jung war und in jeder Beziehung diskret und unauffällig, im Aussehen wie in der Kleidung. Als Krankenschwester hatte sie im deutsch besetzten Belgien einem alliierten Geheimdienst angehört, der unter anderem half, entkommene Kriegsgefangene über die Grenze zu schmuggeln. Gerade ihre Unauffälligkeit hatte sie lange geschützt, es war die Organisation, der sie angehörte, die eines Tages aufflog. Und so standen dann mehrere Frauen verschiedener Nationalitäten vor einem deutschen Kriegsgericht, einige von ihnen wurden zum Tode verurteilt; die Frau war die Jüngste in der Gruppe, weshalb sie später begnadigt wurde.

Es war der Flieger, der als erster von der Angst sprach. Er habe von Anfang bis Ende des Krieges die Angst gekannt, ja die Angst sei der Motor gewesen, der ihn zu immer größeren Wagnissen trieb. Die Angst habe ihn schließlich zum «Helden» gemacht.

Die Dame sah es anders. Angst sei eine rein körperliche Sache, man könne sie nicht kontrollieren, man könne durchaus Angst haben, ohne es zu wissen. Mit einfachen Worten, ohne sich selber in Szene zu setzen, erzählte sie von ihrer Verurteilung. Sie habe das Todesurteil ohne jede Reaktion hingenommen, nur von dem Gedanken besessen, mit der bewunderten und geliebten Anführerin ihrer Organisation noch ein paar Worte wechseln zu können. Man erlaubte ihr, auf sie zuzueilen und sie zu umarmen. «Bist du stolz auf mich?» fragte die Dame, die damals ein ganz junges Mädchen war. «Ich habe die ganze Zeit an dich gedacht und kein bißchen Angst gehabt.» Die ältere Leidensgefährtin (die Engländerin Edith Cavell), die am nächsten Tage erschossen werden sollte, brachte die Kraft auf, der Freundin zuzulächeln: «Meine arme Louise, sieh doch einmal in den Spiegel da drüben...» «Das tat ich auch», erzählte die Dame weiter, «mein Gesicht war vertpomme, grün wie ein Apfel, ich erkannte meine Gesichtszüge nicht mehr, ich sah alt und verfallen aus. Ich merkte plötzlich, daß meine Beine wie entzweigebrochen waren und daß meine Hände zitterten. Und immer noch empfand ich nicht das geringste Gefühl von Angst.»

Ich war erstaunt über die Präzision meiner Erinnerung. «Vert-pomme» habe sie ausgesehen, sogar diese Bezeichnung war haftengeblieben. Ich dachte an den Arzt, der mir vorhin einen Handspiegel angeboten hatte, ich hatte abgelehnt. Schade. Vielleicht sah auch ich so grün aus wie ein grüner Apfel und wußte es nicht.

Nach einer Weile merkte ich, daß der Film weiterlief. Das Lokal, in dem die vier saßen, bot als Spezialität «escargots» an, in Petersilie und Lauch zubereitete Schnecken, und an eine von ihnen erinnere ich mich. Sie war entweder wie durch ein Wunder dem Kochen entkommen oder bei einem verzweifelten Fluchtversuch noch schnell aus ihrer Schale gekrochen und lag nicht da wie ein kleines Stück Kaugummi, sondern sah aus wie eine Schnecke zu Lebzeiten, eine Schnecke, die ihr Haus wie eine Bürde trug, die beiden winzigen Fühler hoch aufgerichtet. Ich hatte den Eindruck, daß sie mich ansah oder auch fragend umherblickte, mit Erschrecken wahrnehmend, daß sie unter «Schneckenfresser» geraten war. Ich hatte tiefes Mitleid mit der kleinen Schnecke. Ich war noch immer traurig; das kurze Gespräch mit dem «Chef», der mir meine Verabschiedung angekündigt hatte, war mir als Grausamkeit erschienen, er hatte keine Worte der Anteilnahme für mich gehabt. Wie so viele hochgewachsene Männer erriet er vielleicht nicht, wie es in denen aussieht, die dem Boden unter ihren Füßen soviel näher durchs Leben gehen.

Die Schnecke auf meinem Teller war so viel kleiner als ich, und mit einem ganz unwirklichen Gefühl der Solidarität legte ich diskret die Gabel hin.

Diesmal war ich von Schwester Mireille sehr enttäuscht. Sie nahm keine Notiz von den Veränderungen im Zimmer, sagte nichts über das zerstückelte Abendkleid, das noch immer auf dem Boden lag, nichts über das Bett, das nicht mehr da war, tat im Gegenteil so, als rücke sie einige Kissen zurecht. Achtlos ging sie mehrmals an dem Lichtstreifen vorbei, der nunmehr sehr klar sichtbar war, obwohl auch sie wissen mußte, daß es an dieser Stelle keine Tür gab.

Gleichgültig erkundigte sie sich nach meinem Befinden und wollte wissen, woran ich arbeite. Dabei wußte sie doch, daß hier kein Schreibtisch stand, an dem ich sitzen und schreiben konnte. Ich gab die erste Antwort, die mir durch den Kopf ging, Mireille verdiente es nicht besser. «Ich habe eben einen Roman zu Ende geschrieben, eine Erzählung von genau zweihundertsechs Seiten.»

«Sie meinen die Memoiren, von denen Sie gesprochen haben?»

Ich wurde ungeduldig: «Nein, einen Roman.»

Sie sah mich erwartungsvoll an, aber ich hatte vergessen, wovon der Roman handelte. Da fiel mein Blick auf den Lichtstreifen an der Tür und auf die Helligkeit, die ich dahinter vermutete.

«Die Geschichte von einem Weihnachtsbaum. Nein, nicht ein Bäumchen, das man auf einen Tisch stellt. Eine echte Tanne, im Walde gefällt, ein Baum, der den großen Wohnraum, in dem er steht, in ein wundersames Licht taucht, von oben bis unten reich behängt mit ausgewählten Tagen und Nächten aus meinem Leben, in Geschenkverpackung, die guten wie die bösen.

Da ist auch noch die Krippe mit dem Kindlein darin, dazu der Esel, ein ganz besonderer Esel, denn er hatte die Mutter mit dem Kindlein im Leib getragen, ein tüchtiger Esel, jeder Situation gewachsen, einer, der alles sofort versteht und besser weiß, ein Intellektueller, der viel nachdenkt, der so seine Ideen hat. Neben ihm ein Ochse, ein einfaches Herz, der nichts anderes tun kann, als das Kindlein anbeten, und auch das nur aus einer gewissen Entfernung, aus Angst, das Neugeborene mit seinen Hörnern zu verletzen...»

«He, he, he...» ließ sich Schwester Mireille vernehmen. «Das ist nicht Ihre Geschichte, die haben Sie gestohlen.» Sie sprach sehr laut und in einem Ton, den ich bislang an ihr nicht gewohnt war.

Ich hatte Angst vor Mireille. Sie schien mir größer als sonst, breiter in den Schultern und Hüften, ihr weißer Kittel schien fast zu eng. Auch ihre Gesichtszüge waren gröber als zu Beginn der Nacht. Von dem zarten Persönchen war nichts mehr da.

Meine Stimme klang weinerlich: «Ich habe nichts gestohlen, wirklich nicht. Ich habe mir die Geschichte ausgeliehen für diese eine Nacht und auch nur für ein paar Stunden. Die Geschichte hätte auch mir einfallen können. Da gibt es in München in dem großen Museum – aber da waren Sie sicher noch nicht – das Bild eines großen Malers, der denselben Vornamen hat wie ich; eine Krippe, und man sieht das Kindlein und das blonde leuchtende Stroh und dahinter den Ochsen und den Esel, die das Kindlein betrachten...»

Aber Schwester Mireille wollte von alledem nichts hören. Sie füllte noch das Wasserglas auf dem Nachttisch, dann ging sie kopfschüttelnd aus dem Zimmer.

A̲utomatisch griff ich nach dem Glas, es war schwer, und ich hielt es mit beiden Händen fest.

Es muß ein magisches Glas gewesen sein, denn schon war ich eine andere geworden, ein Schulmädchen von etwa fünfzehn Jahren. Ich trug das marineblaue Schürzenkleid meines Internats und wußte nicht recht, wie mein Leben weitergehen würde. Mein Vater hatte wieder geheiratet, ich sah ihn nur manchmal am Wochenende. Ich lernte Sprachen, hatte auch Musikunterricht, kam aber mit meiner Geige nicht richtig voran. Zwar konnte ich schwere Etüden fehlerfrei spielen, aber ich schreckte vor ‹richtigen› Musikstücken zurück. Die Musiklehrerin war mit mir nicht zufrieden. Ich sei nicht unbegabt, aber nach sechs Jahren Geigenunterricht hätte ich viel weiter sein sollen.

An diesem Tage also war ich gegen Abend ins Musikzimmer des Internats bestellt worden, obwohl es nicht der Tag für meine Violinstunde war. Die Klavierlehrerin hatte Besuch: eine junge Schweizerin, die Violine spielte, Schülerin eines berühmten Meisters, auf dem Weg zu einer Konzert-Tournee durch Italien. Vera wollte wissen, ob es im Internat auch Violinspielerinnen gäbe. Ich war die einzige, die anderen spielten Klavier.

Ich hatte mir eine große Künstlerin, eine Solistin, anders vorgestellt. Vera trug ein einfaches Sommerkleid, das an die Schweizer Tracht erinnerte, und glich eher einer lustigen Sennerin als einer Virtuosin, die vielleicht bald berühmt sein würde.

Die Musiklehrerin bot mir ein Glas Limonade an, dann entschuldigte sie sich bei Vera, sie habe noch einiges zu erledigen. Wir blieben allein zurück.

«Sie werden auch mich entschuldigen müssen», sagte Vera. «Ich habe heute noch keine Zeit gehabt zu üben.» Ich hielt noch immer mein Glas fest, wollte es wieder hinstellen und in mein Zimmer gehen.

«Wenn Sie Lust haben, können Sie hierbleiben», sagte Vera, «so spiele ich wenigstens vor einem Publikum, das etwas von Musik versteht.» Es sollte freundlich sein, und sie lachte selber über den Satz.

Sie nahm die Geige aus dem Kasten, der neben ihr auf dem Tisch stand, und begann das Instrument zu stimmen. «Ich spiele das D-Dur-Konzert von Beethoven», kündigte sie an.

Ich kannte das Konzert. Ich hatte es in einem großen Saal gehört, gespielt von einem weltberühmten Solisten. Es war das erste Konzert gewesen, in das mein Vater mich mitgenommen hatte.

Hier war alles anders. Hier überflutete die Musik ein kleines Zimmer; auch gab es keine Orchesterbegleitung, nicht einmal ein Klavier. Die Geige setzte wenige Takte vor dem Hauptthema ein, das mich nun gänzlich unvorbereitet traf. Eine sehnsüchtige Folge von Tönen, die nach oben strebten, etwas Unerreichbarem zu. Die Noten reihten sich aneinander wie kleine glatte Perlen, eine immer länger werdende Kette.

Während sie spielte, sah ich Vera an. Sie war verändert. Nicht mehr die fröhliche Sennerin stand hier, sondern eine Fremde, Verschlossene, Leidenschaftliche. Ihrem Gesicht war Mühe abzulesen, aber auch Hingabe und Zärtlichkeit.

Vera endete mit einer kühnen Bewegung des Bogens, der in der Luft einen kleinen triumphierenden Halbkreis zu vollführen schien. Ihr Gesicht war wieder so wie vorhin.

Vera erzählte von ihrer Geige; keine Stradivarius natürlich, aber doch das Werk eines großen italienischen Geigenbauers. Aber ich hörte nicht recht zu, ich war in Eile, wieder allein in meinem Zimmer zu sein. Nun erst bemerkte ich, daß ich das Glas mit der Limonade die ganze Zeit hindurch mit beiden Händen festgehalten hatte. Ich stellte es hin und verabschiedete mich.

Das Aufklingen des Glases brachte mich in die Gegenwart zurück. Wie war das damals weitergegangen?

In meinem Zimmer hatte ich den Kasten mit der Violine vom Schrank genommen. Meine Geige war ein viel bescheideneres Instrument als das, auf dem Vera gespielt hatte. Barg es auch solch kostbare Klänge?

Dann hatte ich meine Geige wieder in den Kasten gelegt und den Deckel geschlossen. Niemals würde ich fähig sein, so zu spielen wie Vera.

Vielleicht fürchtete ich mich auch davor, daß sich mein Gesicht so veränderte wie das Gesicht Veras, ich hatte Angst, mich der Musik so hinzugeben wie sie.

Mein Vater war zunächst gar nicht damit einverstanden gewesen, daß ich den Musikunterricht abbrach. Aber von nun an blieb die Violine in ihrem Kasten.

Die Nacht ist dunkel. Ich muß viel Kraft aufbringen und die Augen fest schließen, um alles richtig wahrnehmen zu können. Zunächst entdecke ich nichts als eine große Leere und bin froh darüber. Nun könnte ich mich endlich ganz auf die beginnende Reise besinnen.

«Welche Reise?» Die Stimme klingt kühl und ungeduldig.

«Die Reise, die eben begonnen hat.»

Und dieselbe Stimme: «Warum verschließt du dich vor der Realität? Du bist doch schon seit vielen Stunden unterwegs. Auch tätest du gut daran, die Augen zu öffnen, die Reise geht ihrem Ende zu.»

Ich kann die Augen nicht öffnen. Ich weiß nicht einmal, ob ich überhaupt Augen habe. Mein Herz schlägt Alarm. Eine Reise, die zu Ende geht, ohne daß ich es gemerkt habe? Ich bin tief erschrocken, zugleich aber steigt eine selten empfundene Regung in mir auf, ein Gefühl von Zorn. Was soll das Gerede von einer Reise, «die begonnen hat» oder «die ihrem Ende zugeht»? Wenn es tatsächlich eine Reise gibt, dann sollte sie sich als solche zu erkennen geben, anstatt mich als kleinen schwarzen Punkt in eine leere Bahnhofshalle zu werfen, in der man mir obendrein eine Fahrkarte verweigert hat. Und man sollte mir auch endlich mitteilen, wohin die Reise geht.

Als hätte dieser letzte Gedanke einen Funken entzündet, macht sich der schmale Lichtstreifen bemerkbar, der zu Beginn der Nacht, rechts vom Bett, durch eine enge Türspalte dringend, auf dem Boden lag. Ich hatte ihn vergessen. Die Bilder aus der Vergangenheit haben mich von der Gegenwart abgelenkt, die Zeit ist mir entglitten. Aber sie ist nicht stehengeblieben, nur stockt sie hin und wieder, so als wisse sie nicht, was sie mit mir anfangen soll. Vielleicht findet auch sie sich nicht zurecht in diesem Krankenzimmer, das kein Krankenzimmer mehr ist, seit kein Bett mehr darin steht. Auch die Kranke ist nicht mehr da, trotz des Streifens um ihr Handgelenk. Zumindest hat sie ihre Form verändert, sie ist zusammengeschrumpft, und das kann nicht mit einem Schlage geschehen sein. Ich habe sicher einige Phasen versäumt oder nicht richtig verstanden.

Aber bevor ich mich mit meiner neuen Form befasse, muß ich versuchen, mich selber in der veränderten Umgebung zu finden. Bin ich noch immer in der Mitte des Raumes, so wie früher, als ich noch in einem Krankenbett lag, oder hocke ich in einer Ecke, von der aus ich alles gut beobachten kann? Der neue Raum hat keine Ecken mehr.

Ich muß wohl in die Tiefe gefallen sein, die vielen Jahre meines Lebens entlang, bis ganz hinunter, bis ganz zu Beginn. Ein Sturz, und hat doch nur wenige Sekunden gedauert.

Eine Uhr schlägt. Ich zähle: eins, zwei, drei. «In der wirklich tiefen Nacht unserer Seele ist es immer drei Uhr morgens.» So hat das jemand ausgedruckt, der viel davon wußte. Es gibt Erlebnisse, dunkle, schmerzliche Dinge, die in der Seele vergraben sind und die sich um die Zeit zu Wort melden, wo die immer dunkler werdende Nacht vermeint, das Licht des Tages endgültig überwunden zu haben. Ein stolzes Siegesbewußtsein, das allerdings nur so lange anhält, bis die ersten Lichtstrahlen den Spuk vertreiben, die bösen Träume, die Wirrnisse und die Angst.

Drei Uhr morgens, eine ungewöhnliche Uhrzeit, eine Reise zu beginnen. Rechtzeitig fällt mir ein, daß «die Reise längst begonnen hat», ja daß sie «ihrem Ende zugeht». Und da kommt auch wirklich Bewegung in mich, und zum erstenmal in dieser langen Nacht merke ich, daß ich reise, und außerdem, daß die Reise besonderer Art ist. Bisher bin ich ein «Fahrgast» gewesen, nun habe ich selber die Arbeit zu leisten und für das Vorankommen zu sorgen. Eine Reisende, wie es sie in früheren Zeiten gab, als Wanderer von einem Ort zum anderen zogen, den Wanderstab in der Hand, ein Bündel auf dem Rükken, in dem man das Allernötigste mit sich führte; die unter einem Baum haltmachen oder auf einer Wiese ausruhen, das Reisegepäck neben sich legen und, die Arme hinter dem Kopf verschränkt, in den Himmel schauen konnten.

Aber hier ist kein Himmel über mir, ich wandere auch nicht. Meine Füße sind weit entfernt von mir, so weit entfernt, daß ich nicht weiß, ob ich noch Füße habe. Eines nur ist sicher: Ich bewege mich.

Ich reise. Von der Welt allerdings bin ich abgeschnitten. Es ist nichts zu hören; nicht das Ratata... Ratata... Ratata... eines Eisenbahnzuges auf fliehenden Schienen, nichts zu sehen. Keine Landschaft, die vorbeizieht, keine Felder, Häuser, Schornsteine, Fernsehantennen, keine Bäume, die so nahe an den Gleisen wachsen, daß die belaubten Äste die Wagenfenster streifen, kein einsamer Bauer auf einem Traktor, der von ferne den Reisenden zuwinkt. Nichts. Ich bin allein und bange.

Es war Bewegung in mich gekommen, ein leichtes Wiegen, so als triebe ich im Meer. Nie hatte ich mich so klein gekannt. Ein Korken? Ein achtlos ins Wasser geworfener, zerrissener Briefumschlag? Vielleicht auch schaukelte ich in einer Hängematte, wie wir sie als Kinder in unserem Garten hatten. Ich konnte mich an meine Mutter in der Hängematte erinnern, im weißen Sommerkleid und mit weißen Handschuhen. Die Handschuhe hatte ich mir sicher ausgedacht, diese Art Kleidung sah ich erst später in italienischen Filmen.

Eigentlich sollte ich mich nicht elend fühlen. Ich war weich gebettet, weicher als in dem metallenen Krankenbett mit dem kleinen harten Kissen unter dem Kopf. Auch war es so, als gäbe es in diesem Raum mehr Leben als vorhin. Vielleicht hatte die unbekannte Stimme Wort gehalten, als sie mir versprach, daß ich nicht allein würde reisen müssen.

Die Euphorie war von kurzer Dauer. Ich erinnerte

mich plötzlich an die Explosion, die alles in Bewegung gesetzt hatte, das mußte vor einigen Sekunden oder Minuten geschehen sein. Eine lautlose Explosion, die mich aus einer Art Dahindämmern gerissen hatte. Es war kein wirkliches Signal gewesen, und ich schlief auch nicht wirklich, aber der Raum, der eben noch groß gewesen war, größer als die leere Bahnhofshalle, war klein geworden und in glühendes Leuchten getaucht, ein Licht wie von vielen Sonnen. Keine dichte starre Helligkeit, sondern kleine und große Lichtwolken, die sich bewegten, von einem leichten Wind getrieben. Die Bewegung nahm ihnen einiges von der diamantenen Härte, das Licht schien durchsichtiger, flaumiger, hatte einen warmen goldenen Schimmer.

Die Vision dauerte nur einen Atemzug lang, der aber jäh abbrach, als sei er der letzte und als hielte die Zeit keinen anderen für mich in Reserve. Dann atmete ich wieder, und das flammende Licht war verschwunden. Es hatte eine graue Dämmerung hinterlassen, in der jedoch vieles klar zu erkennen war. Ich sah mich als ein kleines rundes, flaches Etwas, das dahintrieb, wie ein Blatt auf dem Meer. Nein, nicht auf dem Meer, das Wasser um mich herum war nicht tief genug, um der Ozean zu sein. Auch trieb das runde kleine Etwas nicht willkürlich dahin, es glitt wie auf vorgeschriebenen Bahnen, und ich hatte das Gefühl, daß dieses Treiben nicht das erste seiner Art war, sondern schon einmal, vielleicht in ferner Vergangenheit geschehen war.

Es dauerte eine ganze Weile, bis ich erkannte, daß das kleine flache Etwas mit der Kranken identisch war, die noch vor kurzer Zeit hier im Bett gelegen hatte, einen Leinenstreifen um das Handgelenk, der ihren Namen trug.

Das also war sie, die vielfach gefürchtete Reise, zu der ich hatte antreten müssen und die nun als Film vor meinen Augen ablief. Ich war die Reisende, und ich war auch die Zuschauerin, von nun an würde ich jede Einzelheit doppelt wahrnehmen und beides auf mich nehmen müssen, die Mühsal des Reisens und das Dunkel der Bilder.

Blieb auch der Sinn der Reise mir weiter unbekannt, so war doch das Ziel kein Geheimnis mehr, und ich verstand nicht, warum ich es nicht früher erkannt hatte. Mir war die Aufgabe gestellt, dem Licht zuzusteuern, es zu erreichen. Ich hatte so unrecht nicht gehabt, als ich am frühen Abend an einen Richtertisch und an einen Prozeß gedacht hatte. Es ging alles vor sich, als handele es sich um ein Ritual. Ein unbekannter Richterspruch hatte mich dazu verurteilt, einem Ziel zuzustreben, das sich mir entzog, nichts anderem als dem Lichtstreifen, der seit Beginn der Nacht rechts von mir auf dem Boden lag. Er hatte seine Position leicht verändert und war nun etwas weiter entfernt. Trotzdem ließ sich, klarer noch als vorher, erkennen, daß er durch einen schmalen Spalt in den Raum drang, da, wo es keine Wand gab und auch keine Tür.

Ein mächtiger Sog, dessen Quelle ich nicht kannte, trieb mich, in regelmäßigen Halbkreisen von links oben nach rechts unten, dem Lichtstreifen zu, der manchmal, wie in Großaufnahme, besser zu sehen war. Ein Licht besonderer Art, das kein sichtbares Zentrum hatte, sondern die Ausstrahlung einer viel intensiveren Helligkeit war. Es genügte, die Augen fest zu schließen, um für kurze Augenblicke die Lichtquelle zu sehen, aus welcher der Streifen seinen Schimmer nahm. Eine nie gekannte Helle, die mir in großen Wellen entgegenkam, wie mit weit ausgebreiteten Armen, in die man sich flüchten, in der man sich schmerzlos und ohne Qualen auflösen konnte. Daneben wirkte der Lichtstreifen blaß, aber er blieb das Ziel, die Endstation, nach der ich zu Beginn der Nacht geforscht hatte, die wir zu erreichen hatten, das beschwerliche Etwas, an dem ich haftete, und ich, die wir uns im selben Rhythmus dem Lichtstreifen näherten, ohne ihn zu erreichen, sehr langsam und in halben Kreisen.

Der Lichtstreifen wurde nicht erreicht. Kurz vor dem Ziel fand sich das runde oder ovale Etwas an seinem Ausgangspunkt wieder, ohne daß auch nur eine einzige Station der Rückfahrt zu erblicken war. Schien das Treiben auf den Lichtstreifen zu manchmal sehr lange zu dauern, so ging die Rückkehr zum Ort der Abfahrt so schnell vor sich, als hätte es keine Reise gegeben.

Dann begann alles von neuem.

Das klare Denken kam zurück, wenn auch nur für wenige Minuten. Zeit genug, um mich darüber zu wundern, daß ich all dies um mich herum wahrnahm. Ich hatte Mitleid mit dem kleinen, runden treibenden Etwas, hätte mir aber für diese Nacht einen anderen Gefährten gewünscht, ich wußte nicht genau, wen. Vergeblich ließ ich die vergangenen Jahre meines Lebens an mir vorbeiziehen. Ich sah Landschaften, Städte, Berge und auch das Meer. Aber keine Menschen. So als hätte ich noch keine gekannt.

Es waren noch einige Bilder um mich herum, aber sie zogen nicht mehr an mir vorbei. Ich war es, die nun wieder langsam, sehr langsam dem Lichtstreifen entgegentrieb, so als glitte ich zwischen zwei Wasserschichten. Also doch eine Ertrinkende, die noch einmal die wichtigsten Stationen ihres Lebens sah? Aber man ertrinkt nicht im Zeitlupentempo.

Die Bilder, an denen ich vorbeiglitt, sahen anders aus als zuvor, sie waren grau und wie hinter einem Schleier. Es dauerte lange, bis ich erfaßte, daß es nicht an den Bildern lag, wenn mir deren Umrisse so unscharf erschienen, sondern an mir. Ich steckte in einer dünnen Hülle, die zwischen mich und die Bilder einen Schleier legte.

Ich atmete wieder. Die Lichtwolken waren nicht mehr zu sehen. Der Raum war in Dunkel gehüllt, nur der Lichtstreifen lag da, als sei er durch Zufall zurückgeblieben. Ich fühlte Angst. Wenn der Streifen verschwände, ehe ich ihn erreichte? Ich sollte mich besser beeilen und versuchte es auch. Umsonst. Das fremde Tempo ließ sich keinen neuen Rhythmus aufzwingen.

Ich machte Inventur. Der Raum war nun wirklich sehr leer geworden, und ich war darin die einzige Reisende. Ich war sicher, auf vertrauten Gleisen zu fahren, aber das genügte nicht, es könnte Abzweigungen geben, die ich nicht kannte.

Nein, es gab keine Abzweigungen, und ich stieß an kein Hindernis, von dem Türspalt war ich zu weit entfernt, um mit ihm zusammenzuprallen. Aber ich war allein. Für diese Fahrt als die einzige Reisende vorgesehen. Von wem? Wer war der Marionettenspieler, der mich an einem unsichtbaren Faden hielt und mich immer wieder dieselben Halbkreise beschreiben ließ, ohne daß es eine Abwechslung gab, nicht einmal eine Spirale?

Es folgt eine Pause. Für mich und für mein Atmen, dem es nicht so ganz leicht fällt, mit dem ungewohnten Treiben Schritt zu halten, und das manchmal in leises Stöhnen verfällt. Ich tue so, als merkte ich es nicht, und es scheint mir auch nicht so wichtig. Viel dringender ist es, der Enge des Raumes zu entkommen, der feuchten und bedrängenden Luft, die mich umgibt.

Es ist eine mühselige Nacht.

Aber es ist möglich, und sei es auch nur für einige Minuten, den unerbittlich bedrückenden Film abzustellen, der vor meinen Augen abrollt und dessen Hauptdarstellerin ich selber bin.

Ich träume mich aus dem engen Raum hinaus, weg von der weichen feuchten Wärme, hinaus in die Kühle eines Berges, um gegen das fahrige Dunkel der Nuit Blanche mit dem stillen Weiß einer Schneelandschaft anzukämpfen.

Mein Herz zieht sich vor Sehnsucht zusammen. Ich dürste nach dem Anblick einer Bergquelle, der Musik eines Wasserfalls, der von einem Fels zum anderen hinunterstürzt, die kleinen Wasserstreifen rund umher nicht außer acht lassend, die sich nähern und wieder entfernen, dann wiederkommen, als setzten sie an zu einem Menuett aus alten Zeiten. Wasserstreifen, die sich schließlich vereinen und in tosendem Lärm abwärts springen.

Nicht an die großartigen Wasserfälle denke ich, nein, an die Bächlein, die keine mächtigen Melodien rauschen, sondern leise Lieder vor sich hinplätschern, manchmal ganz verstummen, dann den Sang wiederaufnehmen.

Ich fühle mich nicht wirklich elend, aber ich möchte weg, solange die Sehnsucht nach den Bergen mir noch die Brust zusammenpressen kann. Weg von hier. Nur einen Sommertag lang.

Den Sommertag in den Bergen hat es gegeben. Der Bergführer an meiner Seite war ein junger Schweizer, der Soziologie studierte und im Sommer fremde Touristen und professionelle Alpinisten bei ihren Unternehmungen begleitete. Mir hatte er diese Bergtour vorgeschlagen, als Dank dafür, daß es sich mit mir so gut «schwätze» ließ. Es sollte nicht auf einen ganz hohen Gipfel gehen, aber doch hoch hinauf. Also Aufbruch am frühen Morgen, genagelte Schuhe, Bergstock, Proviant für den Tag. Das schönste an diesem Morgen war die Sonne, die über den Bergen aufging und langsam die schneeigen Gipfel in ihr Licht tauchte. Der junge Bergführer war guter Dinge und sang leise vor sich hin. Noch wanderten wir durch weite Wiesen, mit roten, blauen und gelben Blumen besteckt, weit entfernt vom ersten Enzian. Und da hörte ich auch schon die Melodie des ersten kleinen Sturzbaches dieses Tages, noch ehe man feststellen konnte, woher sie kam.

Langsam ging ich vom Wege ab, entdeckte den Bach und setzte mich auf einen nahen Felsblock, um ihm beim Hinabhüpfen zuzusehen und die Kühnheit zu bewundern, mit der er sich ins Abenteuer stürzte. Es dauerte eine Weile, bis wir uns wieder auf den Weg machten.

Einige hundert Meter weiter war ein neues Sturzbächlein zu vernehmen, wieder näherte ich mich ihm. Michel – so hieß der Bergführer – war nicht damit einverstanden, daß wir die Wanderung so oft unterbrachen.

«Was finden Sie so Besonderes an ihnen?» fragte er.

«Ich sehe ihnen zu. Ich höre auf sie.» Ganz unnützerweise fügte ich hinzu: «Sie haben so viel zu erzählen.»

Michel schüttelte den Kopf. «Das Wasser spricht nicht.» Aber er hatte als Bergführer allerlei schrullige Menschen kennengelernt, und so schwieg er.

An einem der kleinen Wasserfälle verweilte ich länger. Er schien in besonderer Eile seinen Weg zu suchen. Wie mochte es wohl in einem Sturzbach aussehen? Wollte er der Welt der Berge entkommen, sich in einen größeren Bach stürzen, einem Fluß zujagen, um schließlich im Meer zu münden? War das der endlich verwirklichte große Traum, das angestrebte Ziel, im Ozean aufzugehen, von hohen Wellen getragen zu werden, ohne auf den Preis zu achten, der dafür zu zahlen war: das Salz des Meeres, das so bitter schmeckt wie geweinte Tränen? Vielleicht aber auch nur das unentrinnbare Schicksal, das die Bergbächlein auf einen bestimmten Weg verweist und keinen anderen?

Michel schien nun wirklich böse zu sein. Wir würden den Gipfel nicht erreichen. Ich hatte zuviel Zeit bei den Wasserfällen zugebracht, es sei schade um den schönen Sommertag.

Auf dem Rückweg sah er mich hin und wieder von der Seite an, als erwarte er eine Erklärung. Ich sagte nichts, ich war glücklich, die Besuche bei den Bächlein hatten mir gutgetan. Ich würde Michel am nächsten Tag ein paar Zeilen schicken, möglicherweise auch ein Buch finden, das ihn freute.

In meinem Hotel erwartete mich eine Mitteilung meiner Arbeitgeber: Schnellstens nach Paris zurück, um von dort aus eine Reportage zu machen. Vergessen waren der Bergführer, der schöne Sommertag und auch die kühlen, kühnen Sturzbächlein und ihr Schicksal. Bis zu dieser Nacht.

Der Sommertag war vorbei, die Atempause zu Ende, der Atem wieder an der Arbeit, und die Arbeit schien ihm schwerer zu fallen als sonst. Noch immer war ich Reisende und Zuschauerin zugleich, steckte in einer durchsichtigen Hülle und trieb dem Lichtstreifen entgegen, der auf dem Boden lag.

Die kurze Unterbrechung der Reise, der Sommertag in den Bergen, hatte meinem Kopf gutgetan. Plötzlich wußte ich mehr als zuvor über das Reiseziel. Nicht als sei es zuvor ein Geheimnis gewesen, es lag an mir, daß ich alles weniger deutlich wahrgenommen hatte, das Treiben im kleingewordenen Raum hatte mich überrumpelt, das Denken war langsamer geworden. Nun aber erkannte ich, daß der Lichtstreifen nicht die mir bestimmte Endstation war. Das blasse, etwas zittrig gewordene Licht auf dem Boden kündigte eine andere fernere Helligkeit an, die weit hinter der Tür auf mich wartete. Die Aufgabe war schwerer geworden, die Reise würde länger dauern, ich mußte an dem Lichtstreifen vorbei durch den Türspalt hindurch in diese andere unbekannte Helle gelangen, die man nicht sehen, nur erahnen konnte.

Es ist schwer, Eintönigkeit zu schildern, so wie es schwer sein muß, ein Musikstück zu komponieren nur aus einem einzigen Ton, mit nur einer Note. So war es nicht leicht, das immer wieder ansetzende Hingleiten in einen unbekannten Raum zu beschreiben, über den ich wenig aussagen konnte. War er viereckig, wie das Zimmer im Hospital, rund oder ohne präzise Form? Ich konnte mich nicht daran erinnern, ihn je vorher gesehen zu haben, dennoch hatte er etwas Vertrautes. Vergeblich versuchte ich, nach oben zu blicken, ich sah keine Decke. Einen Fußboden mußte es geben, denn da lag der Streifen Licht.

Die Reise ging weiter. Ich glitt von links oben nach rechts unten auf den Lichtstreifen zu, ohne ihn zu erreichen. Kurz vor dem Ziel riegelte mir eine unbekannte Macht die Reiseroute ab, stellte viele hundert Male die Weichen um, schickte mich zum Ausgangspunkt zurück, ohne daß ich begriff, wie diese Rückreise vor sich ging. Ich mußte mir eingestehen, daß ich, die Zuschauende und Erzählende, in Bedrängnis geraten war. Was ich leistete, erschien mir als eine schwere Arbeit, war aber in Wirklichkeit nichts anderes als ein monotones Treiben im kleinsten Raum. In der Hoffnung, dem kleinen Etwas, das vor meinen Augen trieb, dabei zu helfen, so schnell wie möglich das Licht zu erreichen, das durch einen Türspalt zu dringen schien.

Vielleicht wäre alles leichter gewesen, hätte es nicht ein unerbittliches Szenario gegeben, an das ich mich halten mußte, denn ich blieb die Hauptdarstellerin. Daß ich gefangen war, daran schien mir nun kein Zweifel mehr möglich. Der Weg zur Pforte war vielleicht ein Fluchtweg.

Ich horchte auf. Nun war mit einemmal von einer «Pforte» die Rede und nicht mehr von einer Tür. Wieder einmal trieben die Worte ihr Spiel mit mir. Aber war da tatsächlich ein Unterschied? Ich versuchte, klar zu denken. Eine Tür läßt sich leicht öffnen und schließen. Eine Pforte – das Wort klingt so feierlich – läßt sich oft nicht von außen öffnen, sie gehorcht unbekannten Geboten. Was dahinter geschah, wußte keiner, ich nicht, aber auch nicht die anderen. Der Wanderer, der sie einmal durchschritten hat – so stellte ich mir das vor –, drehte sich nicht mehr um, um festzustellen, wer die Pforte hinter ihm geschlossen hat.

Eine Pforte also, und hinter dieser Pforte das große Licht, das der schmale Streifen seit Beginn der Nacht ankündigte. Meine Augen waren geschlossen, und das Licht war klar zu sehen. Ein langsames, in sich gekehrtes Licht. Es blendete nicht, es rief nicht nach mir, es gab sich nicht zu erkennen.

Dennoch war mir, als hätte ich es schon einmal erblickt, wenn auch nicht so gleißend weiß wie in dieser Nacht. Das mußte ganz zu Beginn des Lebens gewesen sein. «Das Licht der Welt», so heißt es doch wohl, wenn man es zum erstenmal erblickt. Zum erstenmal? Dann wäre dies ein neues «Mal».

Das erste Licht? Ein neues, letztes Licht? Oder beides?

Ich war seltsam ruhig geworden. Ich erwartete keine Antwort auf meine Fragen und wußte nur eines: Es war wichtig, mich gerade jetzt nicht aus den Augen zu verlieren.

Von der Außenwelt war ich nun endgültig abgeschnitten, ohne jedes Bedauern, denn es war, als wüßte ich nichts von ihr. Das Treiben war mühevoller geworden, ein träges Treiben, an dem ich teilnehmen mußte. Die warme Stille um mich herum hinderte jede schnellere Bewegung. Ich hätte gerne Lärm gemacht, zumindest einen Schrei ausgestoßen, aber ich wußte – woher eigentlich? –, daß es zu früh war, daß ich noch zu warten hatte.

Gegen die Monotonie ankämpfen. Ich brauchte Bilder um mich, aber zu Bildern gehören Augen, und ich war nicht mehr sicher, daß ich Augen hatte. Womit also sah ich das Licht? Wer betrachtete die Wendungen meines Körpers, wer zeichnete sie auf, wenn nicht ich selber? Wer schilderte das Dunkel, ein vertrautes, wiedergefundenes Dunkel, die Nacht, den engen Raum, die Hülle, in der ich steckte, wenn nicht ich?

Ein einziges Mal wurde die Eintönigkeit durchbrochen. Es waren Laute zu hören, die in der warmen, feuchten Atmosphäre, die mich umgab, sonderbar fremd wirkten. Keine Musik, einfache Laute, die einander folgten, nicht alle in derselben Tonlage. Es waren Menschenstimmen, und sie mußten von hinter der Pforte kommen. Dann und wann gab es einen kurzen aufsteigenden Laut, als würde ein Name gerufen. Zwar kannte ich die Sprechenden nicht, aber ich zweifelte nicht einen Augenblick daran, daß es um mich und meine Reise ging. Ich war so glücklich, daß ich alle Mühen vergaß. Denn eines schien mir nunmehr sicher zu sein: Ich wurde erwartet!

Das Glücksgefühl hielt nicht an. Die Stimmen waren verstummt, als seien sie zwar dagewesen, aber vor sehr langer Zeit. Mein Körper war schwerer geworden, die Hülle, in der ich steckte, noch dichter. Ich wollte die Augen reiben, um klarer zu sehen, aber ich konnte meine Hände nicht finden und wußte auch nicht so genau, wo meine Augen waren.

Ich sprach mir Trost zu: Nun könne es nicht mehr lange dauern. Es war heiß geworden, zu Beginn der Nacht war das Reisen leichter gewesen, so leicht, daß ich manchmal den Eindruck hatte zu schweben. Das war nun anders. Ich schwebte nicht, ich trieb. Ich durfte mich nicht aus dem Blick lassen, nicht verlorengehen, das war die Gefahr, die hinter der Eintönigkeit lauerte. Ich sollte mich an Bilder klammern, ich konnte es, ich hatte Hände, ich hatte Fäuste, wenn mir auch alles verkleinert erschien. Aber es waren keine Bilder da, die Hülle, in der ich steckte, schien sie fernzuhalten. Ich war allein, eine Gefangene in einer Einzelzelle. Würde ich, wenn es mir gelänge, unter dem Türspalt hindurchzukommen, auch so allein sein?

Während der endlosen Wanderung durch den Raum hielt mich nur ein einziger Gedanke aufrecht: Es sind die letzten Stunden. Ich würde die Pforte erreichen. Dann wäre auch die Nacht zu Ende, und ich hätte das gleißende weiße Licht erreicht, das hinter der Pforte wartete.

Was mich an dem gleitenden, so klein gewordenen «Ich» rührte, war die Unversehrtheit, eine Vollkommenheit, die der Körper, der zu Beginn der Nacht hier in einem Krankenbett lag, mit den Jahren längst eingebüßt hatte. Auch die vielen blutunterlaufenen Flecken waren verschwunden. Wäre die Mühe des Treibens nicht so groß gewesen, ich hätte mich der Unversehrtheit des kleinen Körpers erfreut.

Wie viele Meilen ich wohl hinter mich gebracht hatte, mit all den gebrochenen Kreisen, die mich dem erstrebten Licht zwar näher brachten, es mich aber nie erreichen ließen.

Zum erstenmal in dieser Nacht kamen mir Zweifel. Wollte ich das Licht wirklich erreichen? Oder fürchtete ich die Pforte, der ich zutrieb? Ich mußte daran denken, daß man Angst haben kann, ohne sich dessen bewußt zu werden, vielleicht war ich in Wahrheit so vert-pomme, so ängstlich apfelgrün wie die tapfere Louise, mit der ich vor so vielen Jahren an einem Tisch gesessen hatte!

Und wenn dieses endlose Zurückfallen auf den Ausgangspunkt nicht eine zusätzliche Mühsal war, zu der ein unbekannter Richterspruch mich ebenso verurteilt hatte wie zu der ganzen Reise, sondern eine Begünstigung, ein Akt der Gnade? Ich durfte neu beginnen, viele hundert Male neu beginnen, und durfte auch kurz vor der zur Pforte gewordenen Tür haltmachen und umkehren. Sie zu erreichen, war mir zu Beginn der Reise wie eine Erlösung erschienen, eine Befreiung von der Mühsal des Reisens. Nun war es anders. Ich fühlte mich wachsen, meine Kraft nahm zu, manchmal hörte ich mich atmen, zwar schwerer als sonst, aber doch regelmäßig. Langsam schoben sich wieder Bilder vor die geschlossenen Augen. Wieder mußte ich an Ertrinkende denken, an denen ihr vergangenes Leben vorbeizieht. Aber die Landschaften, die ich zu sehen vermeinte, kannte ich nicht, sie waren mir neu, sie warteten darauf, erblickt zu werden, so wie auch das Licht des Tages darauf zu warten schien.

Die Versuchung, dem Schlaf zu verfallen, einzuschlafen, wurde immer größer. Ich wehrte mich dagegen. Und nun erst entdeckte ich, daß der Schlaf selber mir gegenüberstand und darauf wartete, mich in seine Arme zu nehmen, mich an die Pforte zu bringen, durch den schmalen Türspalt hindurch in die große, nie gekannte Helligkeit.

Der Schlaf stand da, aber anders, als ich ihn mir als Kind allabendlich vorgestellt hatte, kein gewappneter Ritter, unbeweglich, die Arme verschränkt – ein Bild aus einem Märchen oder aus einem Lied. Auf seine Stunde wartend. Der da vor mir stand und gegen den ich mich wehren mußte, gehörte zu einer anderen Welt. Er trug einen weißen Kittel, sein Gesicht war nicht zu erkennen, obwohl er keinen Helm aufhatte wie der Ritter. Das Eindrucksvollste an ihm war der Geruch, den er verströmte, eine Mischung aus «après-rasage», dem parfümierten Toilettewasser, das nach dem Rasieren angewendet wird, und allerlei medizinischen Ingredienzien. Ich mochte ihn nicht, er hatte etwas Drohendes an sich.

Der Lichtstreifen, der seit Beginn der Nacht, rechts von mir, am Boden gelegen hatte, war verschwunden. Das Licht, das er ankündigte, hatte seine Stelle angenommen, es war klar zu sehen, aber weiter entfernt als zuvor.

Ich hatte mir den Rücken zugekehrt, das war genau zu erkennen. Ich konnte von weitem meine Silhouette wahrnehmen. Ich sah mir nach. Ich trug meinen hellblauen Schlafanzug, darüber den beigefarbenen Regenmantel, wie zu Beginn der Nacht, auf der Straße mit den vielen Bäumen, mit denen man nicht sprechen konnte. Etwas war allerdings ungewohnt. Mit der Entfernung wurde ich nicht kleiner, sondern größer und größer. Bis ich mich schließlich in meiner normalen Größe in der Ferne entdecken konnte und dann mit einemmal nichts mehr. Ich hatte mich aus den Augen verloren.

Die Nacht war noch nicht zu Ende. Ich lag wieder in dem Krankenbett des frühen Abends, und ich war froh, es wiedergefunden zu haben, seine metallene, hochbeinige Solidität. Das Zimmer dagegen konnte ich nicht sofort identifizieren. Es erschien mir besonders groß und fremd, das konnte aber auch an den vielen Stunden liegen, die ich, schwebend und treibend, in so kleinem Raum verbracht hatte; an dem unbekannten Licht hinter der Tür; an der ersten oder letzten Helligkeit, die ich erblickt hatte, an einem Bild aus ferner Vergangenheit.

Das Dunkel der Nacht war anders geworden, mehrschichtig und heller. Nie hätte ich vermutet, daß es so viele Schattierungen von Schwarz gibt. Jetzt konnte ich alles um mich herum besser wahrnehmen.

Sie saß am Fußende des Bettes mir gegenüber, eine schlanke junge Frau mit ebenmäßig schönen Gesichtszügen. Woran ich erkannte, daß die junge Frau meine Mutter war, weiß ich nicht mehr. Es mag sein, daß sie auf einem der Fotos, die ich besitze, ähnlich gekleidet war. Sie trug eine durchsichtige weiße Spitzenbluse, darunter ein rosafarbenes Oberteil, das leicht durchschimmerte. Sicher keinen Büstenhalter, man erriet, daß die Brüste unter der Spitzenbluse klein und fest waren. Zu der Bluse einen weißen Faltenrock. «Für diese Jahreszeit verfrüht», dachte ich und schämte mich meiner Kritik. Den kleinen eleganten Sonnenschirm, ein sonderbar antiquiertes Requisit, hatte sie an den Bettrand gelehnt.

«Wie sind Sie ... wie bist du gerade jetzt in dieses Zimmer gekommen?» Meine Stimme klang unsicher.

Sie sah mich aus runden, sehr hellen Augen erstaunt an: «Gerade jetzt? In dieses Zimmer gekommen? Ich bin schon seit vielen Stunden bei dir, habe sogar etwas zum Stricken mitgebracht, hast du das nicht gemerkt?»

Tatsächlich lag auf meiner Bettdecke Strickzeug, Wolle in mehreren Farben. Mein Atem ging hörbar schneller, das war ein Signal, so meldeten sich oftmals Bilder aus der Vergangenheit an. Ich sah meine Mutter im weiten veilchenfarbenen Morgenrock im Garten sitzen. Sie strickte ein Kinderhemdchen, das war wenige Wochen ehe meine jüngste Schwester zur Welt kam.

Sie wiederholte: «Ich bin schon lange bei dir gewesen, fast die ganze Nacht.»

«Ich habe dich nicht gesehen.»

Sie lächelte nachsichtig: «Das konntest du doch gar nicht, du Dummerchen.» Dabei gab sie mir einen liebevollen Klaps auf die linke Wange. Es war für mich ein sonderbares Gefühl, von einer um so viel jüngeren Frau so familiär behandelt zu werden. Auch hatte mich, soweit ich zurückdenken konnte, niemand je ein «Dummerchen» genannt. Sie sei die ganze Nacht schon hier gewesen, ohne daß ich sie sehen konnte? Was meinte sie damit? Sie hatte den Hut abgenommen. Der Canotier, ein schmalrandiger, niedriger Strohhut, lag auf ihren Knien, er hatte ihr kunstvoll geknotetes Haar nicht durcheinandergebracht. Wahrscheinlich war heute morgen oder gestern abend die Friseuse dagewesen, ohne daß ich sie gesehen hatte, denn wir Kinder mußten dann immer in unserem Spielzimmer bleiben, um die Dame bei der langwierigen Arbeit des Haarewaschens, Bürstens und Kämmens nicht zu stören. In dem Vorort, in dem wir wohnten, gab es damals keinen Frisiersalon.

Die Augen meiner Mutter schienen heller, als ich sie in Erinnerung hatte, vielleicht konnte ich sie nicht so genau sehen, denn das Zimmer lag noch immer im Halbdunkel.

Nach einem langen Schweigen sprach sie als erste. Sie war von mir enttäuscht. «Du hattest in dieser Nacht nur Vorwürfe für mich: Der halbe Kuchen, den ich dir am Bahnsteig weggegessen habe. Das Köfferchen, das du dir gewünscht hast und das ich dir nicht mitbringen konnte. Du bist ungerecht. An das, was ich dir gegeben habe, denkst du nicht.»

Ich sah sie fragend an, ungeduldig fuhr sie fort: «Ich habe dir schließlich meinen frühen Tod geschenkt.»

Das sagte sie ohne Pathos, als erwähne sie irgendein Mitbringsel. Ich muß sie wohl fassungslos angestarrt haben, denn sie fügte schnell hinzu: «Ein unverlangtes, ungewolltes Geschenk, das gebe ich zu.

Ich habe dir den sehr frühen Schmerz geschenkt, den du bis zur Neige ausgekostet hast. Ich habe dir weh getan, aber du bist wach geworden und hast schon früh nach Worten gesucht.

Du warst nicht mehr wie die anderen Kinder, du warst eine Waise. Vieles hast du früher als die anderen verstehen oder zumindest erahnen müssen. Du hast sehr bald gewußt, daß von nun ab nichts mehr selbstverständlich sein wird, daß alles verdient, erkämpft werden muß, alle Freundschaft und alle Liebe. Daß eine harte Schule auf dich wartet, ohne daß an jedem Schultor des Lebens eine Mutter steht, die dich bei der Hand nimmt, dich zu trösten, wenn dir etwas besonders schwerfällt. Du hast sehr früh erfahren, was es heißt, nachts zu weinen, anstatt zu schlafen. Aber du hast auch gelernt, deine Tränen zu beherrschen.

Du hast um mich getrauert und anstatt einer Puppe ein Bild im Arm gehalten, das Bild der jungen Frau, die ich war, der schönen jungen Frau, wie viele sagten. Aber du hast mich kaum gekannt und nichts von mir gewußt. Dir blieb auch die Reue erspart, der kleine Stich in der Herzgegend, den manche Erinnerungen hervorrufen, du warst zu klein, um mir Leid zuzufügen, du hattest nichts zu bereuen...»

Wieder wollte ich sie unterbrechen, und wieder ließ sie es nicht zu.

«Ich weiß, ich weiß. Du hast manchmal geglaubt, ich sei deinetwegen nicht zurückgekommen, weil du ungezogen gewesen bist. Aber diese Art kindlicher Reue ging schnell vorbei, und du warst frei. Du konntest als Kind schon lieben oder hassen, wie du wolltest, die Frauen, die dich erziehen wollten, waren Fremde, du konntest sie ohne jede Reue vergessen.»

Das alles war mir neu, und ich hatte Mühe, ihr zu folgen. Auch war ich nicht mit allem einverstanden, was sie sagte. Es klang wie die Verteidigungsrede einer Angeklagten in einem Prozeß, den ich nie angestrengt hatte.

«Ich habe dich mit leeren Händen zurückgelassen, das stimmt. Um so mehr aber erschien dir alles, was du später bekamst, wie ein ungeheurer Reichtum. Hast du das je bedacht?»

Nein, das hatte ich nicht, und sie sprach weiter.

«Du warst allein. Du warst erwachsen, als andere Kinder im Kindergarten spielten, dein Leben hat früh begonnen, und das Leid kann auch ein Motor sein.»

Ich stutzte. So hätte meine Mutter nie gesprochen, zumindest nicht die junge Mutter, die ich kannte. Meine Mutter hatte ein Fahrrad und einen Tennisschläger, und für Motoren interessierte sie sich nicht.

Die Frau, die am Fußende meines Bettes saß, war ohne Zweifel meine Mutter, die ich nur flüchtig kannte, aber es waren nicht ihre Worte, vielleicht waren es die meinen oder die einer Unbekannten.

Aber der Dialog mit der Mutter mußte weitergehen, und ich sagte: «War es nicht doch eine Beraubung, ohne Mutter aufzuwachsen? Niemals das Selbstverständliche zu bekommen, immer nur das Verdiente, das Erkämpfte?»

Nun war sie es, die nicht die richtige Antwort fand. Sie führte unbeirrt ihre eigenen Gedanken fort. «Du hast früh schon Gedichte geschrieben, und deine ersten Verse waren für mich. Tränen kamen darin vor, und die Tränen hattest du um mich vergossen. Sie schmeckten bitter, aber der verzweifelte Nachgeschmack der Reue blieb dir erspart.

Später hast du nicht mehr geweint und warst erwachsen und warst frei. Du konntest deine Entschlüsse fassen, ohne an mich zu denken, ohne die Furcht, mir weh zu tun. Du konntest mir kein Leid zufügen, denn ich war tot.»

Ihre Stimme klang traurig. Ich mußte ihr zeigen, daß ich glücklich war, sie wiederzusehen, sie, die soviel Jüngere, die ihre dichten Haare in einem kunstvoll geknoteten Chignon hoch auf dem Kopf trug, wie das früher einmal Mode war.

Ich versuchte ihr zuzulächeln und merkte nicht, daß mir die Tränen über die Wangen liefen.

Sie sah mich erstaunt an. «Als kleines Kind hast du weniger geweint als deine Schwestern», sagte sie nachdenklich. «Tränen waren für dich etwas ganz Außergewöhnliches. Ich sehe noch dein verwundertes Gesicht vor mir, als du mich zum erstenmal weinen sahst. Als verstündest du nicht, daß Erwachsene weinen können. Weinen, das ist doch eine Sache für Kinder, schienst du zu denken. Und auch Kinder tun das nur in besonderen Fällen, wenn sie bestraft werden oder das nicht bekommen, was sie sich wünschen.»

Nun konnte ich mich an diese Tränen meiner jungen Mutter erinnern. Sie kam die Treppe herunter, hielt ein kleines, mit breiter Spitze besetztes Taschentuch vor die Augen, und ich hatte Angst, sie könne die Stufen hinabfallen.

An diesem Tag hatte mein Vater mich «in die Stadt» mitgenommen. Meine Mutter blieb zu Hause, sie hatte keine Zeit für derlei Expeditionen. Wir waren im Jardin des Tuileries gewesen, hatten einer Vorstellung der Guignols beigewohnt, des Pariser Kasperltheaters, und ich war in einem Wagen gefahren, den ein Esel zog. Mein Vater war nicht allein an meiner Seite, Jeanne war auch da, eine große, nicht besonders schlanke Frau, das, was man «üppig» nannte, die immer laut lachte und sich sehr um mich und mein Vergnügen bemühte. Ich wußte damals noch nicht, daß viele Frauen sich so benehmen, wenn sie einen fremden attraktiven Vater verführen wollen, der in Begleitung seines Lieblingskindes ist. Jeanne war keine Unbekannte für mich, ich hatte sie schon mehrmals in Gesellschaft meines Vaters getroffen. An diesem Tag nun saßen wir sehr lange in einer Pâtisserie, einer Konditorei, tranken Kaffee oder Schokolade, und ich verstand nicht immer, wovon die beiden redeten. Ich hörte auch nicht richtig hin. Ich weiß nur, daß es, anders als zu Hause mit meiner Mutter, nicht um die Kinder, das Haus und den Garten ging, sondern um Bücher, Theaterstücke, manchmal auch um gemeinsame Bekannte.

Eigentlich war es mein Vater, der erzählte, Jeanne hörte ihm aufmerksam zu. Vielleicht tat sie auch nur so, ich sah, daß sie oft den Kopf wandte, um Leute anzusehen, die an anderen Tischen saßen. Das schien meinen Vater nicht zu stören, oder er merkte es nicht. Jeanne lachte viel, und wenn sie lachte, warf sie sich nach hinten in den Stuhl zurück, öffnete den Mund sehr weit, und man konnte kleine, sehr spitze Zähne sehen. Ein- oder zweimal legte sie auch ihre Hand auf die Hand meines Vaters.

An diesem Tage versäumten wir den gewohnten Abendzug nach Cernay und mußten mit dem nächsten fahren, und meine Mutter hatte sich Sorgen um uns gemacht.

Jeanne war ein Geheimnis zwischen meinem Vater und mir. Ob er mir auferlegt hatte, nicht von ihr zu sprechen, weiß ich nicht, wußte ich nicht mehr.

Nicht an meinen Vater denken, nicht jetzt, nicht in dieser Nacht.

Die Stimme meiner Mutter kam wieder: «Ich weiß, ich weiß... du hast ihn sehr geliebt. Ich war manchmal eifersüchtig auf dich. Schließlich hat er dich später kennengelernt als ich, die ich dich im Schoß trug, dich mit jeder meiner Bewegungen sanft wiegte, während du friedlich darauf warten konntest, das Licht der Welt zu erblicken.»

War dieses Warten wirklich so mühelos vor sich gegangen?

«Ich war euch nicht im Wege, das mußt du zugeben. Wie oft seid ihr beide ‹in die Stadt› gefahren, um euch zu vergnügen, nur ihr allein, zu zweit, dein Vater und du...»

Nun war doch etwas wie Glück in das Halbdunkel der Nacht und in dieses Krankenzimmer gekommen, und ich hatte nur noch einen einzigen Gedanken: Sie wußte nichts von Jeanne. Ich lag wohlig in meinem Bett, sogar das kleine, harte Kissen unter meinem Kopf war so weich, als sei es mit Flaumfedern gefüllt. Vor lauter Freude hatte ich die Augen geschlossen, das war vielleicht ein Fehler. Als ich sie wieder öffnete, war das Zimmer leer und meine Mutter verschwunden. War sie überhaupt dagewesen?

Mein Blick fiel auf das Glas, das auf dem Nachttisch stand. Es war fast leer, nur noch ein kleiner Rest Mineralwasser war darin. Nun hatte ich die Antwort auf meine Frage. Die Mutter, die wirkliche Mutter hätte niemals am Bett ihres kranken Kindes ein halbleeres Wasserglas stehenlassen. Sie hätte es nachgefüllt, ehe sie ging.

Ein metallener Klang wie von einer fernen Kirchenglocke. In das Krankenzimmer war Bewegung gekommen. Jemand hatte das Licht angemacht, und meine Augen schmerzten. Nun waren wohl auch dort die Äderchen geplatzt.

Ein junger und, wie mir schien, übereifriger Arzt ging im Zimmer auf und ab, richtiger: immer wieder um den Tisch herum, der in der Mitte des Raumes stand und an eine große Sonnenuhr erinnerte, die ich einmal in Schottland auf dem Boden eines Blumenparks liegen sah, zu Füßen des alten Schlosses, in dem einige Jahrhunderte früher eine schottische Königin die letzten Lebensstunden vor ihrer Hinrichtung verbracht hatte.

Also war ich von der «Reise» immer noch nicht zurück, denn in diesem Krankenzimmer gab es in Wirklichkeit keinen Platz für einen großen runden Tisch, um den ein junger Arzt hätte herumlaufen können. Aber der junge Arzt war tatsächlich da, und er sprach eine Menge. Er erklärte mir, daß meine «Stunde noch nicht geschlagen» hatte, mein Name habe «noch nicht auf der Liste gestanden». Ich versuchte, mir die Liste vorzustellen und auch die Stunde. Welche Stunde? Waren zu Beginn der Nacht meine Minuten deshalb so feierlich durch den Raum defiliert, weil sie die Minuten einer bestimmten Stunde waren? Ich wollte darüber nachdenken, aber die Nacht war sehr lang gewesen, und ich war müde. Die Worte des jungen Arztes prasselten auf mich nieder, gehorsame Worte, die sich nicht den Kopf darüber zerbrachen, was der Sprecher meinte.

Wieder fiel mir die schottische Sonnenuhr ein, und ich merkte, daß mein Gedächtnis mich irregeführt hatte. Der runde Tisch erinnerte nicht an die Blumenuhr im Park, sondern an die leere Bahnhofshalle, in der es eine große Uhr gab, zu der ich aber, als die Reise begann, nicht hinaufgeschaut hatte.

Die Erinnerung an die große Uhr in der leeren Halle schien mir zu bedeuten, daß die Reise dort endete, wo sie begonnen hatte: auf einem Bahnhof. Die Halle war nicht leer wie zu Beginn der Nacht, viele Menschen liefen umher, Reisende, wie sich das für einen Bahnhof gehört. Alle waren sie Fremde, die ersten ‹Fremden›, denen ich von nun ab begegnen oder die ich wiedertreffen würde; Fremde, die nichts von mir wußten, nichts davon, daß die unsichtbare Hülle, in der ich so viele Stunden lang durch den Raum trieb, an mir haftengeblieben war und mich von ihnen und von allem Geschehen isolierte.

Die nichts wußten von der Reise ohne Ende, nichts vom endlosen Dahintreiben und nichts vom nicht endenden Licht.

Eine neue Schwester brachte Tabletten. Mein Atem war ruhig und nicht zu hören. Ich war froh darüber, denn ich konnte mich nun in aller Ruhe in meinem Zimmer umsehen, das inzwischen wieder seine normale Größe hatte.

Mein erster Blick galt der Wand rechts von meinem Bett. Sie war glatt, weißlich getüncht, es gab dort weder ein Fenster noch eine Tür, noch auch die geringste Spalte, durch die ein Licht hätte dringen können.

Links vom Bett, auf einem hohen Nachttisch, das Telefon. Mir fiel ein, daß ich abends daran gedacht hatte, die befreundete Zeitung anzuläuten, um «das Datum in den Text einzufügen». Ich hatte es nicht getan, denn es war mir nicht gelungen, den Text zu formulieren, obwohl es nur um sechs oder sieben Zeilen ging, wie das bei Anzeigen üblich ist. Dann begann die Reise, und ich hatte nicht mehr an das Telefon gedacht.

Es war ein schöner Morgen. Den ersten Strahlen einer schwachen Märzsonne war es mühelos gelungen, die lärmende Nuit Blanche zu vertreiben. Nun richtete sich das Tageslicht darauf ein, die nächsten

Stunden hier zu verbringen. Die Nacht hatte keine Spuren hinterlassen, so als sei sie nie dagewesen. Die neue Helligkeit schien blaß, mir aber, die den dunklen Windungen der Nacht entkommen war, leuchtete sie wie das Licht von vielen Sonnen.

Die Kranke lag wieder so regungslos in ihrem Hospitalbett wie zu Beginn der Nacht. Mit dem neugewickelten dichten weißen Verband um den Kopf erinnerte sie wieder an die aus Stein gemeißelten Figuren, die man manchmal in Kirchen oder Kathedralen auf Steinsärgen sieht. Nur eines war anders als am Abend zuvor, als es ihr nicht gelungen war, ihre beiden Hände einander näher zu bringen. An diesem Morgen waren ihre Hände gefaltet.

## Stéphane Roussel
# DIE HÜGEL VON BERLIN
### Erinnerungen an Deutschland

Deutsch von Margaret Carroux
368 Seiten. Gebunden und als rororo sachbuch 8581

«Es ist eines der eindrucksvollsten Deutschland-Bücher, die seit langem jenseits des Rheins erschienen sind. Selten hat jemand so unprätentiös, aber auch so präzise und klug dargestellt, was er über den Nachbarn erfahren hat. Und wohl selten hat ein Autor sein Nachbarland so kritisch, aber auch so liebevoll dargestellt. Jede Seite ist erlebt, nicht am Schreibtisch ersonnen. Das ist Journalismus der besten Art: spannende Lektüre von der inhaltlichen Qualität eines Geschichtsbuchs.» Die Zeit

«Das Buch ist spannender als jeder geschichtliche Roman es sein könnte. Das Gefühl ‹so war es wirklich› begleitet einen von Seite zu Seite. Zeitgeschichte aus erster Hand, ungemein lebendig vorgetragen.» Münchener Merkur

«Vieles in diesem Deutschland-Buch muß uns notwendigerweise traurig stimmen und sollte uns schmerzlich berühren. Der noble Gestus der Autorin, die nie Kritik mit Polemik verwechselt, erleichtert sicher manchem Leser die Annahme auch bitterer Wahrheiten. Besserwisserei ist Stéphane Roussels Sache nicht. Ein Buch für Deutsche und Franzosen, das Bestandteil jeder Schulbibliothek in beiden Ländern werden sollte.» Sender Freies Berlin

«‹Die Hügel von Berlin› ist das gescheite Buch einer klugen Frau. Wenn man es bei allen Vorbehalten gegenüber der Materie trotzdem nicht verzweifelnd, sondern bereichert aus der Hand legt, so ist das der Überzeugungskraft Stéphane Roussels, ihrer gedanklichen und stilistischen

Klarheit, ihrem Bemühen um Objektivität und ihrem vornehm bescheidenen Zurückstellen der eigenen Person zu verdanken.» Wiesbadener Kurier

«Großartig an diesem Buch ist vor allem Stéphane Roussels geduldiger Umgang mit den Dingen, Menschen und politischen Vorgängen, über die sie schreibt. Am Ende sehen wir fasziniert auf das Bild des dummen und betrogenen deutschen Volkes und begreifen, daß Stéphane Roussel etwas beinahe Unmögliches gelungen ist: der *Roman* dieses Volkes. Und dies eben deshalb, weil sie es, wie kaum ein anderer vor ihr, versteht, journalistische Präzision und literarische Sinnlichkeit miteinander zu verquicken.» Männer-Vogue

«Die Autorin schreibt als kluge Beobachterin, die Konkretes im Blick behält und Großes im Kleinen entdeckt, nicht als abstrakte, Ideen wälzende Theoretikerin. Einzigartig ist die Schilderung der Zeitenwende, in der die totale Diktatur sich etabliert und wie eine Seuche sich ausdehnt.»
Neue Zürcher Zeitung

«Mit ihren Erinnerungen verfolgt sie die Absicht, anhand von wahrgenommenen Details, anschaulichen Begebenheiten und unmittelbaren Begegnungen mit einzelnen Deutschen dem klischeehaft geprägten Bild von dem Nazi oder dem Deutschen entgegenzuwirken. Viele sind Nazis gewesen, jedoch jeder auf seine Weise, so ihre Überzeugung. Stéphane Roussel versteht es, gerade in diesen exemplarisch ausgewählten Details Wesentliches erkennbar werden zu lassen.» Frankfurter Rundschau

# Rowohlt